EDITORIAL
SHANTI NILAYA

EL SABER SER, CAMINO DE UNA VIDA

D.R. © 2025 | Paco Yarce

Todos los derechos reservados
1a edición, 2025 | Editorial Shanti Nilaya
Diseño editorial: Editorial Shanti Nilaya

Instagram: @Paco Yarce
Facebook: @Paco Yarce
Spotify: Paco Yarce

YouTube: Paco Yarce

ISBN | 978-1-966206-62-0

eBook ISBN | 978-1-966206-63-7

La reproducción total o parcial de este libro, en cualquier forma que sea, por cualquier medio, sea éste electrónico, químico, mecánico, óptico, de grabación o fotocopia, no autorizada por los titulares del copyright, viola derechos reservados. Cualquier utilización debe ser previamente solicitada. Las opiniones del autor expresadas en este libro, no representan necesariamente los puntos de vista de la editorial.

www.editorial.shantinilaya.life

EL SABER SER,
CAMINO DE UNA VIDA

Paco Yarce

EDITORIAL
SHANTI NILAYA

EL SABER SER,
CAMINO DE UNA VIDA

Paco Yarce

DEDICATORIA

A Flora, compañera de una vida.

Eugenio, siempre mi apoyo, mi ejemplo de integridad y de vida.

Paty, muchos años mamá gallina.

Mario Cárdenas y Pepe González, por ser increíbles amigos y operar lo que me ha dejado escribir.

Mario Hemuda, tu amistad e ideas.

AGRADECIMIENTOS

Flora, gracias por tu apoyo e inspiración, alimento de mi Ser para hacer cada día un esfuerzo adicional.

Mario Cardenas y Pepe González, por su apoyo incondicional y hacerse cargo de muchas cosas que me dan el tiempo de emprender nuevos proyectos.

Mario Hemuda, tu tiempo y apoyo que le dieron contenido a muchas secciones de este libro.

A todo el equipo de mi editorial que le han dado claridad a esta obra y rumbo al proyecto.

ÍNDICE

INTRODUCCIÓN	**15**
EL SABER SER	**19**
EL CAMINO DEL AUTOCONOCIMIENTO	**23**
La zona de confort	31
La ruta	38
EL EGO	**43**
Los miedos	46
Los traumas	52
La negación	55
CONÓCETE	**61**
Oblígate a mostrarte a ti mismo	70
Autosabotaje	75
LAS PASIONES	**85**
Identifica tus pasiones	89
Nuestras pasiones y la felicidad	95
ARQUETIPOS	**105**
Identifícate con un arquetipo	108
HERRAMIENTAS DE VIDA	**119**
Las leyes de Paco	121
Atención plena o mindfullness	163
Meditación	165
La ayuda externa	172

ENTENDIENDO EMOCIONES Y SENTIMIENTOS — 177

¿Qué es un sentimiento? — *184*

ESTAR ESTANCADO — 191

Piensas que tienes razón aun cuando no la tienes — *197*

Date permiso de ser creativo — *202*

Diálogo interno — *211*

EMPIEZA A VIVIR TU VIDA — 215

VIVE EL MOMENTO CONSCIENTEMENTE — 215

El tiempo será tu aliado — *220*

Trabaja en tu carisma — *223*

Sé excepcional — *229*

Cerrando el círculo — *233*

INTRODUCCIÓN

"El privilegio de una vida es convertirse en lo que realmente eres".

Para Saber Ser necesitamos primero entender **quiénes somos**. En tu caso, entender y tener conciencia de **QUIÉN ERES TÚ**; quizá al principio algo que suena muy sencillo; sin embargo, es a la vez altamente complejo y engañoso.

El llegar a autoconocerte es un proceso gradual, que demandará de ti un esfuerzo constante a largo plazo, y con el que tienes que establecer un fuerte y estrecho vínculo; deberás tomarle gusto y cariño. En algunas ocasiones, el proceso te arropará y en otras te golpeará fuerte; tan fuerte como un golpe de *knock-out* directo a la cabeza.

El proceso de seguir el camino forma parte de un ciclo continuo; perpetuo si crees en que somos seres eternos. Para Saber Ser, necesitas autoconocerte, y para autoconocerte y crecer debes Saber Ser.

El autoconocimiento es una vía férrea en forma de lemniscata gigante, donde en función de nuestra apertura, debilidad, fortaleza, madurez o evolución intelectual, y otros innumerables factores en determinado momento de nuestra vida, vamos incorporando o retirando a nuestro tren vagones (temas o sucesos) que debemos observar, entender, procesar y aceptar.

Te cuento un poco de mí con esta analogía: Practico un deporte individual olímpico de manera semiprofesional, que inicié a practicar de manera formal hace poco más de cuatro años. Sí, no te equivocas, a mis 50 años. Es algo que ha transformado positivamente mi vida en muchísimos aspectos y con el cual quiero dar un ejemplo de lo que puede significar el impacto que puede tener la práctica del autoconocimiento en esas cosas importantes en tu vida:

Durante el primer año y meses, mi orientación hacia la práctica de mi deporte consistió en conocer, adquirir y perfeccionar las bases de mi técnica. Poco a poco, fui mejorando, y logré un incremento cuantitativo y cualitativo en los resultados. Mis marcadores subían constantemente; cada día era más certero y consistente. Ese incremento llegó a un punto en el que me desempeñaba en un nivel aceptablemente bueno para el poco tiempo que llevaba practicándolo. Me estabilicé por unos seis u ocho meses, ya sin tener avances importantes, y de repente empecé a tener resultados mediocres en competencias y pruebas selectivas (las que definen quiénes participan como representantes de México en competencias internacionales). Durante 18 meses estuve así, sin mejorar y sin avanzar. Fue hasta abril del 2024 que tomé la decisión de hacer un ejercicio completo, iniciando desde el subsuelo, en las raíces de mi ser: un ejercicio de autoconocimiento. Buscaba respuestas de mi Yo y su relación con la práctica de mi deporte. Me dediqué a aplicar distintas técnicas y, poco a poco, fui descubriendo las razones de mi baja en el desempeño deportivo. Entendí que no me sentía listo; que me presionaba con objetivos fuera de mi control; que "no me la creía"; que no me estaba dando permiso a fallar; y muchas otras cosas más. El trabajo fue de muchas semanas para llegar al diagnóstico y encontrar las respuestas junto con muchas más preguntas. Esto fue tan sólo el primer paso: tener una lista de causas y de preguntas a responder. Tardé otro par de meses en trabajar los puntos y ahora me encuentro en un momento de crecimiento y de mejora sustancial en mi rendimiento. Mi entrenador y personas que me acompañan a entrenar lo han notado y me alientan a seguir dando pasos para alcanzar mis metas deportivas.

Con este ejemplo espero clarificar cómo en el ejercicio del autoconocimiento vamos entendiendo y aprendiendo todos los días. Así, damos pasos poco a poco, y con base en nuestra capacidad, compromiso y apertura, trabajamos en aquellas cosas que detectamos que requieren de nuestra atención.

***
La motivación

Mi motor es compartir; es dar algo a cambio. Para algunos, el camino hacia el *Saber Ser* es más arduo; para otros, más sencillo. Me gusta dar de mi energía a los demás y en este libro quiero compartirte un poco de la energía y sentido que han alimentado a mi *Saber Ser*. Quiero que conozcas lo que me ha sido de utilidad, que veas si a ti te puede servir y que en el proceso de lectura te emociones como yo me he emocionado al escribir cada idea, cada frase, cada cita y cada pensamiento inspirador. Quiero compartirte la forma en que en la vida voy apreciando más lo que recibo en cada momento, así como voy buscando aquello que no sé si está, y disfrutando tanto como puedo lo que aparece en mi día a día.

EL SABER SER

El Saber Ser:
un estilo de vida balanceado y consciente

El concepto de "Saber Ser" va más allá de simplemente existir. Implica integrar en nuestra vida diaria una armonía entre nuestros roles, nuestras pasiones y nuestro bienestar emocional, buscando siempre un equilibrio que permita una vida plena y significativa. En mi caso, el "Saber Ser" se basa en tres pilares fundamentales: el trabajo, la práctica del tiro en modalidad Fosa Olímpica y un estilo de vida inspirado por el epicureísmo. Asimismo, el núcleo de todo esto radica en una constante atención al momento presente, un principio clave del mindfulness, que permite vivir de manera consciente y conectada con lo que realmente importa en cada momento.

***

El trabajo y la pasión: el balance necesario

El trabajo es un componente fundamental de nuestras vidas, pero el "Saber Ser" nos invita a no caer en la trampa de la rutina monótona que consume nuestra energía sin darnos satisfacción. El trabajo no debe ser un fin en sí mismo, sino una herramienta para alcanzar una vida equilibrada. En mi caso, la práctica del tiro en Fosa Olímpica representa una pasión que no solo me desafía, sino que también me conecta con mi capacidad de concentración y disciplina. Esta actividad es una forma de meditación activa que exige total enfoque, algo que no se puede lograr sin la atención plena o *mindfulness*. Al igual que el trabajo, esta pasión tiene que estar equilibrada con el resto de los aspectos de mi vida, para crear un flujo armónico entre los compromisos y los momentos de disfrute personal.

***

El estilo de vida epicúreo: el placer con moderación

El epicureísmo nos enseña que el verdadero placer no radica en la indulgencia desenfrenada, sino en la búsqueda del disfrute en las pequeñas cosas de la vida. Este estilo de vida, centrado en disfrutar de lo que realmente aporta satisfacción y bienestar, es una parte esencial del "Saber Ser". Comer bien, disfrutar de una conversación profunda o sumergirse en el disfrute de un buen vino o una excelente comida son manifestaciones del estilo de vida epicúreo. Pero lo importante aquí es la conciencia con la que experimentamos estos momentos. No se trata de la cantidad, sino de la calidad de la experiencia, y en este punto, el *mindfulness* juega un papel fundamental; al practicarlo, cada experiencia se convierte en una vivencia rica y profunda, y somos capaces de disfrutar del momento sin caer en la sobrecarga sensorial ni el hedonismo vacío.

***
El mindfulness: la clave del "Saber Ser"

El *mindfulness* es el pegamento que une todos estos aspectos del "Saber Ser". Vivir en el momento presente, plenamente consciente de lo que estamos haciendo, sintiendo y pensando, es esencial para alcanzar un equilibrio real. El *mindfulness* nos permite tomar una pausa consciente entre las actividades diarias, con lo cual nos ayuda a observar nuestra respiración, nuestras emociones y nuestras reacciones sin juzgarlas, y mucho menos dejar que nos controlen. En la práctica de mi deporte, una de mis pasiones, el tiro con escopeta en la modalidad Fosa Olímpica, el *mindfulness* permite que cada disparo sea una manifestación de concentración absoluta y control interno; no es solo el acto físico de disparar, sino el estado mental de presencia total en ese instante lo que hace la diferencia. Lo mismo ocurre con las decisiones cotidianas, como elegir qué comer y disfrutarlo o cómo equilibrar el trabajo y el ocio. La clave está en no dejarse llevar por los impulsos, sino actuar de manera intencional y consciente.

***
El "Saber Ser", camino hacia el crecimiento continuo

El "Saber Ser" no es un estado estático; es un proceso continuo de autodescubrimiento y mejora. Al integrar el *mindfulness* en cada aspecto de nuestra vida, podemos comenzar a observar patrones, identificar áreas que requieren más atención y ajustar nuestra trayectoria hacia un estilo de vida más equilibrado. En última instancia, el "Saber Ser" implica vivir de manera más auténtica, conectando profundamente con lo que somos, con lo que amamos y con lo que nos rodea. Es un acto de autenticidad donde las pasiones, el trabajo y el placer no se ven como opuestos, sino como aspectos que se complementan y enriquecen mutuamente.

EL CAMINO DEL AUTOCONOCIMIENTO
AUTOCONOCERTE ES TAN SÓLO EL INICIO

> *"Quien mira hacia afuera, sueña;*
> *quien ve en su interior, despierta".*
> Carl Jung

¿Existe algo más difícil, retador, duro y cruel que no autoconocerse?

¡¡¡Estoy contundentemente convencido de que sí!!!

Ese algo es no haberlo intentado. Considero que vivir en la ignorancia de "quién soy" puede resultar, en la mayoría de las ocasiones, en recorrer un camino tortuoso y con infinitas vueltas; un camino lleno de dolor ciego, de errores sin aprendizaje y de una vida dominada inconscientemente por el EGO.

No creo que exista una manera sencilla para autoconocerse. Cada camino, cada cabeza, cada uno de nosotros es un ser diferente y único. Lo que te puedo ofrecer en este ejercicio de escritura es un compendio de muchas ideas, tanto propias como aprendidas y adoptadas. Considero que un breve recorrido por los puntos que a continuación te presento puede ayudarte a tener una leve idea de qué tanto te conoces a ti mismo.

Empecemos...
Ya que para Saber ser primero necesitas saber quién eres y cómo eres.

***

¿Te cuesta trabajo admitir errores?

Cuando has llegado a un estado en que no puedes reconocer ni siquiera pequeños errores, sugiere que sientes un miedo tremendo y una sensación de no ser suficiente; puedes o no ser consciente de esto y requiere, generalmente, que tengas la voluntad, el compromiso contigo mismo y la determinación para hacer un autoanálisis profundo y sincero. Desafortunadamente, ese mismo miedo al escrutinio "externo" (tu mente analizando al Yo) también te puede llegar a obstaculizar e impedir hacer ese compromiso; curiosamente, notarás que habrá "muchos incidentes" que servirán de pretexto para no hacerlo o terminarlo.

Es difícil ser consciente de uno mismo si no estás dispuesto a ser vulnerable.

***
¿Criticas frecuentemente a los demás?

¿Qué dice de ti ser una persona que tiene una necesidad tan grande de sentirse mejor consigo misma que tiene que criticar a los demás para lograrlo? Cuando te la pasas buscando sentirte bien contigo mismo de esa manera, no te queda tiempo para conocerte de verdad.

La crítica hacia los demás es una forma indirecta de halagarte a ti mismo o de idealizar o maximizar tu entorno inmediato (hijos, padres, grupo de amigos, negocio, etc.). Es como pensar que haces que el cuadro en tu pared esté derecho diciendo que los de tu vecino están chuecos.

***
¿Evitas decisiones difíciles?

Con cierta frecuencia, eliges no tomar decisiones importantes, generalmente por temor a las consecuencias, a ser juzgado o simplemente por miedo a equivocarte. La procrastinación o la pasividad, en estos casos, son formas de protegerte del dolor emocional que podría traer consigo el fracaso. Sin embargo, este patrón de comportamiento indica una falta de autoconciencia, ya que cuando evitas estas decisiones, no estás dispuesto a confrontar las inseguridades y miedos que habitan en tu mente.

Cuando tomas la decisión de conocerte a ti mismo, generalmente haces a un lado el temor de cometer errores, ya que entiendes que estos son una oportunidad para crecer; estás dispuesto a experimentar con tus propias ideas y a probar tus límites psicológicos; te adentras en tu pantano mental y aprendes a observar los miedos desde una perspectiva objetiva, reconociendo que el crecimiento personal a menudo proviene de confrontar aquello que evitas.

Solamente cuando te atreves a ver dentro de tu interior y entender la raíz de tus temores, puedes superar el ciclo de evitar decisiones difíciles y vivir una vida más plena y consciente.

¿Esquivas tus sentimientos?

¿Para ti es difícil identificar y definir lo que sientes?

¿Te confundes al tratar de poner en palabras tus sentimientos?

Esquivar nuestros sentimientos, aunque puede parecer una estrategia para evitar el malestar, en realidad puede ser muy contraproducente. Cuando evitamos sentir o expresar nuestras emociones, estamos enviando un mensaje a nuestra mente de que estas son peligrosas o incontrolables. Este hábito de reprimir los sentimientos crea una desconexión interna, en la cual la persona se siente incapaz de procesar sus emociones de manera saludable y genera así un ciclo de malestar emocional.

Las personas conscientes de sí mismas comprenden que solo porque una emoción es desagradable, no necesariamente es dañina. La tristeza, el miedo o el enojo tienen un propósito, y si se esquivan constantemente, estas emociones no desaparecen, sino que se manifiestan de otras formas, como estrés, ansiedad, odio u otros problemas en las relaciones interpersonales.

Desarrollar la habilidad de identificar, aceptar y procesar nuestros sentimientos requiere vulnerabilidad y valentía. Al hacer esto, fortalecemos nuestro autoconocimiento y aprendemos que las emociones no son algo de lo que debemos escapar, algo para darle la vuelta, sino una parte esencial de nuestra experiencia humana. Esta capacidad de sentir con plenitud nos permite conectar más profundamente con nosotros mismos y, como resultado, con los demás.

***
¿Te preocupas mucho por el futuro?

La preocupación es como resolver un problema que aún no existe o que, en realidad, no puedes resolver en ese momento. En otras palabras, preocuparse es un pensamiento improductivo sobre el futuro.

Puedo resumir la idea en este sencillo párrafo: las personas que se preocupan mucho carecen de autoconciencia. Tal vez no se han tomado el tiempo para reflexionar genuinamente sobre lo que es la preocupación y cómo funciona (o no) en nuestras vidas. Su mente tan sólo comienza a preocuparse y a enredarse en un complejo ciclo de pensamientos injustificados; ellos simplemente le siguen el rollo, sin detenerse a investigar y analizar con curiosidad qué les pasa internamente ni cuáles son las causas de ese "mal viaje".

***
¿Le das muchas vueltas al pasado?

Así como preocuparse es pensar de manera improductiva sobre el futuro, recordar sin propósito es pensar de manera improductiva sobre el pasado, sobre lo que ya pasó.

Cuando no somos conscientes de esta tendencia a querer controlar lo que ya no se puede controlar (aquello que ya pasó), esto frecuentemente conduce al hábito de rumiar el pasado y a todos los efectos emocionales que conlleva: vergüenza, culpa, tristeza, autocrítica, justificación y arrepentimiento.

Sin un alto nivel de autoconciencia, es fácil caer en espirales de pensamientos sobre el pasado. En momentos que fueron "mejores" para generar nostalgia y tener un breve "sentirse bien", o en momentos "malos" para justificar por qué viven una determinada situación presente, por lo general mala.

***
¿Solo notas las emociones cuando son fuertes?

Es muy común sentir más de una emoción a la vez, pero las personas con poca autoconciencia suelen notar solo la emoción más fuerte o evidente. Por ejemplo, después de que alguien les cierra el paso manejando, describen sentirse "enojadísimos", pero no se dan cuenta de que también sienten miedo o culpa.

Si estás en el camino del desarrollo de la autoconciencia, seguramente ya has logrado o estás a punto de alcanzar a ver todas tus emociones, incluso las más sutiles, y tienes la capacidad de describir tu estado emocional presente; esto te ayudará a enfrentar mejor situaciones complejas de la vida que requieren claridad emocional.

***
¿Conoces qué te apasiona?

Reconoces el estado en el que te encuentras tan inmerso en una actividad que pierdes la noción del tiempo y del entorno. Ese lapso de tiempo cuando estás realizando una actividad y experimentas un nivel de satisfacción muy elevado, una concentración profunda que te permite rendir al máximo y acariciar la felicidad.

***
¿Estás consciente de tus miedos?

Tienes presentes esfuerzos deliberados que hayas hecho para reconocer el miedo y comprenderlo para no dejarte controlar por él. Cuando eres consciente de las fuentes de tus miedos, puedes analizar su origen y decidir si en realidad representan una amenaza o si son simplemente proyecciones de tu mente. Conoces la fuente de este y su relación con la manera en cómo el ego actúa en ti para sembrarlo y justificarlo.

***
¿Sabes qué dispara en ti una emoción descontrolada?

Los disparadores emocionales son aquellos estímulos internos o externos que provocan una reacción emocional en nosotros. Estos pueden ser situaciones, recuerdos, palabras o comportamientos de otras personas que despiertan una respuesta emocional automática.

Reconocer tus disparadores de emociones puede ayudarte a tomar el control de tus reacciones, en lugar de ser arrastrado por ellas. Las emociones son respuestas naturales, pero el autoconocimiento nos permite identificar los patrones de nuestros disparadores emocionales y entender qué los causa. Esto no solo nos ayuda a anticipar nuestras reacciones emocionales, sino también a gestionarlas de manera más efectiva.

La zona de confort

Estás muy cómodo

¿Qué significa estar en la "zona de confort"desde el autoconocimiento?

"Nada crece en la zona de confort, excepto el arrepentimiento por no haber arriesgado más".

Desde la perspectiva del autoconocimiento, la "zona de confort" se refiere a un estado mental, emocional y conductual en el que nos sentimos seguros, estables y en control. Es un espacio donde nuestras actividades, situaciones y pensamientos se encuentran dentro de los límites de lo familiar y predecible; el resultado es tener una falsa sensación de que estamos reduciendo nuestra exposición al riesgo o la incertidumbre. Aunque puede proporcionarnos tranquilidad temporal, el hecho de que permanezcamos demasiado tiempo en la zona de confort puede limitar nuestro **crecimiento personal**, ya que restringe esa capacidad que todos poseemos para explorar nuevas habilidades, enfrentar desafíos y aprender de experiencias fuera de lo conocido.

En términos más prácticos, la zona de confort es una burbuja en la que evitamos el esfuerzo emocional, intelectual y, en ocasiones, también el físico; este estado nos impide evolucionar hacia una mejor versión de nosotros mismos. En el camino del saber ser por medio de la autoconciencia, estar dentro de esta burbuja es una señal de estancamiento, donde evitamos situaciones que podrían desafiarnos o hacernos sentir incómodos, pero que también son necesarias para nuestro desarrollo.

***

¿Cómo identificar que estamos en la zona de confort?

Identificar que estamos en nuestra zona de confort requiere un nivel de introspección y honestidad con nosotros mismos. Aquí hay algunas señales comunes que pueden indicar que estamos atrapados en esta zona:

Vives en una rutina constante.

Si te encuentras repitiendo las mismas actividades o patrones de comportamiento sin sentir desafío ni entusiasmo, probablemente estés en tu zona de confort. Típicamente puedes sentir tu círculo de personas, tu entorno y las actividades que realizas como seguras, las dominas; sin embargo, perdiste el gusto por ellas, las percibes monótonas.

***
Frecuentemente te das cuenta de que tienes miedo al cambio o al riesgo.

Evitas situaciones nuevas o desafiantes por miedo a fallar, sentir incomodidad o perder control. Esto puede incluir que has estado evitando por cierto tiempo (mucho o poco) oportunidades profesionales, relaciones nuevas o tomar decisiones importantes.

***
Notas falta de progreso o crecimiento

Si sientes que has dejado de aprender o mejorar en aspectos de tu vida, ya sea en lo personal o profesional, es una señal de que te has asentado en una zona de seguridad; una burbuja te ha encerrado y te está limitando.

***
Evitas el autoconocimiento

La zona de confort también se manifiesta cuando evitas la autoevaluación o la autocrítica. Si te incomoda reflexionar sobre tus debilidades o áreas de mejora, o si te resistes a recibir retroalimentación, es probable que estés protegiendo tu ego y permaneciendo en tu zona de confort.

***

Prefieres la satisfacción temporal, aunque tengas inquietud a largo plazo

Aunque puedas sentirte cómodo y sin estrés, a menudo hay una sensación de insatisfacción o inquietud que está presente y escondida: una señal de que tu ser interior anhela algo más que lo que tu entorno conocido puede ofrecer.

***

Tips para salir de la zona de confort

Salir de la zona de confort no significa lanzarse a situaciones de alto riesgo sin preparación, sino tomar pasos conscientes y graduales hacia la **incomodidad positiva** que fomenta el crecimiento. A continuación, te presento algunas acciones para lograrlo:

Conciencia y evaluación personal

El primer paso es que te abras y cultives la **autoconciencia**. Pregúntate honestamente:

¿Qué partes de mi vida están estancadas?

¿Qué actividades o decisiones estoy evitando por miedo o incomodidad?

¿Cuáles son mis verdaderos objetivos o aspiraciones?

Identificar las áreas donde te has asentado en una zona de confort es esencial para empezar a moverte hacia el cambio.

***

Establecer metas pequeñas y alcanzables

Es importante no lanzarte al vacío, esto quiere decir tratar de salir de la zona de confort de golpe, ya que puede generar ansiedad. En lugar de eso, establece metas alcanzables que te empujen gradualmente hacia la "incomodidad productiva"; por ejemplo:

- Si quieres mejorar tus habilidades de comunicación, comienza con hablar más en reuniones pequeñas antes de tomar el reto de dar una presentación grande.
- Si deseas aprender una nueva habilidad, dedica 15 minutos diarios en lugar de intentar cambiar drásticamente tu rutina de inmediato.

La clave aquí es construir confianza a través de pequeños pasos, hacer esto te preparará para retos mayores.

***

Acepta la incomodidad como parte del crecimiento

Cuando llegas al momento de tu vida en el que frecuentemente no te sientes a gusto es una señal de que estás en el proceso de cambio. Reconoce y acepta que sentir incomodidad o miedo no es algo negativo, sino una parte natural del desarrollo personal. En lugar de evitar estas sensaciones, úsalas como un indicador de que te estás acercando a nuevas oportunidades para crecer.

Un ejercicio útil es que realices una actividad que te saque de tu zona de confort a diario, como hablar con un desconocido, ofrecerte para una tarea desafiante en el trabajo o explorar una nueva afición.

***
Apóyate en un entorno de soporte

Tener un grupo afín puede facilitarte el proceso de salir de la zona de confort. Rodéate de personas que te alienten a tomar riesgos saludables y que te ofrezcan retroalimentación constructiva. Esto puede incluir amigos, mentores o colegas que también estén buscando crecer y que puedan ayudarte a mantenerte enfocado en tus metas.

***
Desafía tus creencias limitantes

La zona de confort a menudo se alimenta de algo que se ha arraigado en tu interior, esto es las **creencias limitantes** que el ego usa para mantenernos en un estado seguro. Estas creencias pueden incluir pensamientos como "No soy lo suficientemente bueno", "No puedo hacerlo", "Las matemáticas no se me dan", "Soy lento" o "Siempre fallo". ¡¡¡Rompe el círculo, decídete y desafía estas creencias!!! Identifica ejemplos en los que hayas tenido éxito, incluso cuando te sentiste incómodo, analiza cómo te sentiste, qué hiciste, qué te motivó a superar ese reto y trata de replicar tus sentimientos, motivadores y determinación.

Cuestionar estas creencias y reemplazarlas por afirmaciones positivas como "Soy capaz de aprender", "Puedo mejorar" y "El fracaso es una oportunidad para crecer" te permitirá enfrentarte a nuevos retos con mayor confianza.

"Salir de la zona de confort es descubrir que el horizonte que temías era solo el inicio de un nuevo amanecer".

Paulo Coelho

***
Reflexiona sobre tu progreso

La reflexión es clave para salir de la zona de confort de manera sostenida. A medida que avanzas, tómate el tiempo para revisar tu progreso y pregúntate:

¿Qué logré esta semana o este mes?

¿Cómo me siento en comparación con cuando empecé?

¿Qué he aprendido sobre mí mismo?

Sé objetivo: no te premies o castigues de más. Date tiempo para ir perfeccionando tus habilidades, para acostumbrarte a avanzar. Aprende a SABER SER.

La ruta

Un camino para Saber Ser

Al hacer el ejercicio mental, y visualizando diferentes maneras de transmitir mi idea de cómo mantener una actitud continua para *Saber Ser*, decidí que la manera más sencilla de hacerlo es por medio de una serie de etapas que te ayuden a ir descubriendo cosas nuevas de ti y a trazar tu propia forma de Saber Ser:

Primero determinar

¿Quién soy?

"Conocerse a sí mismo es el comienzo de toda sabiduría".

Aristóteles

En este momento, cómo me defino, cómo te defines… ¿Qué me gusta?, qué me gusta de mí, qué no me gusta… ¿Cómo reacciono a las circunstancias más frecuentes de la vida?, a las del día a día, y cómo a las extraordinarias, como las emergencias o dificultades extremas.

Conocer el ego, primero teniendo la noción de lo que es y así determinar cómo el ego opera en mí: qué miedos genera y explota, cómo me los presenta, cómo compro esas cosas que me presenta.

Para lograrlo, debes realizar una autoexploración de tu *Ser* interno para "conocerte".

***
¿Qué me gustaría ser?

Saber cuáles son mis pasiones y diferenciarlas de mis gustos. Identificar con qué arquetipos me identifico.

Plantearme dinámicamente qué tiene que ser aquella persona a la que aspiro, las cosas que debe aprender, las metas por las que debe luchar, las aptitudes que debe desarrollar, las habilidades que debe adquirir; todo esto y mucho más, puntos que te expondré a lo largo de este libro.

***
¿Cómo me gustaría ser?

Igualmente importante es tener claro cómo me gustaría ser, en mi comportamiento, apariencia, valores, reflejo de vida, empatía, carácter, etc. Esa expresión externa auténtica de mi Ser, compuesta por aquellos puntos que me agradan de mí junto con los factores presentes en las personas que admiro. No se trata de copiar o aparentar, se trata de formar una forma de Ser con la que mi yo de ocho años y mi Yo de 80 años se sientan a gusto al convivir.

***
En qué me apoyo para lograrlo

Conocer nuestros valores y creencias de vida es importante; sin embargo, pocas veces es suficiente. Con la velocidad de nuestra vida, sus problemas, sus distractores y presiones, es frecuente olvidarnos o desviarnos de ellas; hacer un pergamino de mis creencias vitales, "mis reglas prácticas de la vida", nos permite que, con cierta frecuencia, visitemos este pergamino, las recordemos y nos ayude a hacer una realineación y rebalanceo de nuestras ruedas, que son parte del sistema direccional de nuestra vida.

Tener algunas herramientas de vida es fundamental; esto nos dará directamente los beneficios de recordarnos los valores fundamentales con los que operamos y algunos trucos para abordar situaciones de la vida diaria: hay que mantenernos apegados a ellos.

Entender mis disparadores de emociones y saber cómo genero sentimientos. Si no sabes qué genera cierta emoción en ti, ¿cómo puedes entender esa emoción y si es necesario dominarla y/o atemperarla?

***
¿Dónde estoy en este momento?

Identificar si estoy estancado no se trata tan solo de decir que sí o que no; el objetivo es ser honestos con nosotros mismos y, si efectivamente nos sentimos estancados, buscar la raíz de ese estancamiento, determinar sus causas para, desde ahí, trabajar en un camino de mejora. En el caso de que ese estancamiento no esté presente en nosotros en este momento, es igual de importante identificar qué cosas son las que estamos haciendo correctamente que nos han permitido explotar nuestro potencial y mantenernos en un camino de desarrollo constante.

***

Primeros pasos

Empezar a vivir mi vida desarrollando el autoconocimiento, vivir el momento al desarrollar la atención plena (*mindfulness*) y disfrutar el placer consciente en las cosas que busco o hago.

EL EGO
SABES LO QUE ES EL EGO

El EGO es Satán, que vive dentro de nosotros y se presenta como la fuerza interna negativa que distorsiona nuestra percepción, llevándonos a actuar de manera reactiva y separándonos de nuestra verdadera esencia espiritual.

Yehuda Berg

El término "ego" tiene su origen en el latín; "ego" significa simplemente "yo", es decir, hace referencia al "yo" o a la individualidad de una persona. En su uso original, "ego" no tenía connotaciones negativas o relacionadas con el exceso de autoconfianza o el orgullo, como ocurre hoy en día en muchos contextos.

En nuestros días, resultado del paso del tiempo y la distorsión de su verdadero significado, el término "ego" comenzó a asociarse popularmente con un sentido de **autoimportancia exagerada**, y se usa comúnmente en la cultura contemporánea para describir un exceso de orgullo, soberbia, autoconfianza o sentido de superioridad; esto es una percepción muy corta y limitada de lo que realmente es.

El ego tiene como finalidad propia "evitarnos o alejarnos del dolor" y toma como alimento nuestros miedos e inseguridades para, desde ahí, crear la voz interna que fomenta la separación, la autocomplacencia y el deseo de control; es ese "demonio" interno del ser humano que nos impulsa a actuar con egoísmo, a buscar validación externa, y a evitar que mostremos cualquier tipo de vulnerabilidad o humildad.

El ego es responsable de nuestras inseguridades, envidias, celos, de todos los miedos y es el padre de la necesidad de ser siempre "mejor" que los demás.

Es un ser engañoso y manipulador; se convierte en un obstáculo para alcanzar la paz interior, ya que nos mantiene atrapados en ciclos de comportamientos y pensamientos destructivos. Una de las trampas más comunes del ego es hacernos creer que estamos separados de los demás, que somos entidades totalmente individuales que no necesitamos de otras personas, lo que genera una actitud competitiva y hostil hacia el entorno.

El ego se encarga de sumergirnos en arenas movedizas y hacernos caminar dentro de la niebla para distanciar nuestro ser de su propósito de vida.

Entender al ego no consiste exclusivamente en saber su definición y lo que es; requiere que recorramos el camino del autoconocimiento para saber cómo actúa en nosotros, cómo nos domina, en qué momentos se oculta y nos engaña. Si lo relacionamos al Saber Ser, es mantenerlo al margen de actuar en nuestra soberbia o caer en presunción, porque el Saber Ser es un camino que nunca se domina, en el que debemos permanecer siempre humildes y atentos, pero con decisiones absolutas.

Los miedos

Origen de tus miedos

El miedo es una emoción natural que surge cuando percibimos una amenaza, ya sea real o imaginaria, que pone en peligro nuestro bienestar, nuestras creencias o nuestra identidad. Es una respuesta instintiva diseñada para protegernos, pero también puede ser un obstáculo significativo en el camino del autoconocimiento y el crecimiento personal.

La idea de que **el ego es el causante de todos nuestros miedos** proviene de una interpretación psicológica y espiritual que vincula el ego con la forma en que percibimos el mundo, nuestras relaciones y a nosotros mismos.

"La vida que estás viviendo en este momento es el resultado de tus decisiones y de tus miedos".

***

El ego es la causa del miedo

El ego, al estar centrado en la identidad personal, autoimagen y supervivencia emocional, en pocas palabras, en un esquema de autoprotección, tiende a percibir cualquier cosa que amenace esa imagen, esquema de protección o sensación de control como peligrosa; esta percepción genera miedo en múltiples formas, ya que el ego está constantemente en estado de vigilancia para protegerse de amenazas (pueden ser reales o, mucho más frecuentemente, imaginarias) a su estabilidad.

Algunos tipos frecuentes de temores o miedos generados por nuestro ego son:

Miedo al fracaso: El ego se construye a partir de nuestras muy exigentes expectativas y se convierte, frecuentemente, en un esclavo de nuestro entendimiento o suposición de las expectativas de los demás sobre nosotros. Cuando tememos no estar a la altura o fracasar en alguna área, es porque el ego percibe que nuestro valor o identidad estará en riesgo. Este miedo está vinculado al deseo de mantener una imagen robusta y exitosa, aunque frecuentemente falsa, ante nosotros mismos y los demás.

Miedo al rechazo: El ego depende de la validación externa para sentirse valorado. Por eso, tememos ser rechazados o no ser aceptados socialmente. La idea de no pertenecer amenaza directamente nuestra identidad y nuestra necesidad de sentirnos importantes o amados.

Miedo a la muerte: Uno de los miedos más profundos del ego es la aniquilación. Al ser la construcción mental que define quiénes somos, el ego teme la muerte porque implica la disolución total de esa identidad. La muerte es vista como la pérdida última de control y existencia.

Miedo a lo desconocido: El ego se aferra a lo que conoce, lo familiar y lo que puede predecir. Todo lo que está fuera de este marco (nuevas experiencias, cambios radicales o incertidumbre) genera miedo, porque pone en duda la capacidad del ego de controlar y definir la situación.

***

Ego, alimento del miedo

El ego alimenta el miedo en diversas formas. Va sembrando su semilla de manera conspicua. Es un ser de habilidad inigualable, con muchos tentáculos que actúan generando muchas y diversas facetas o colores de estos puntos:

Proyectando el futuro: El miedo de lo que puede ocurrir en el futuro se define como ansiedad; al enfocarse en lo que podría salir mal, el ego proyecta situaciones que aún no han ocurrido. Esta obsesión de perderse en ciclos infinitos de escenarios futuros genera ansiedad, que es una manifestación del miedo. El ego quiere prever y evitar cualquier situación que pueda amenazar su seguridad o autoestima.

Aferrándose al pasado: El ego también se aferra a experiencias pasadas que le resultaron dolorosas o desafiantes. Estos recuerdos generan miedo a revivir situaciones similares en el presente o futuro, lo que refuerza la percepción de amenaza constante. Sin embargo, también se aferra a situaciones pasadas positivas y las envuelve con miedo a perderlas o a no poderlas vivir nuevamente; el riesgo de esto es vivir congelado en un estado de perpetua nostalgia por ese pasado, uno que hemos idealizado como mejor o perfecto.

Comparación constante: El ego tiende a compararnos con los demás; esto genera miedo a no ser lo suficientemente buenos, exitosos o dignos. La comparación constante crea inseguridad y miedo de no cumplir con las expectativas que el ego considera necesarias para mantener su identidad.

★★★

Supera tu miedos

Superar el miedo requiere un reconocimiento consciente de dos factores: el primero es que sientes muchas clases de miedo, y el segundo es entender cómo opera el ego en ti. Al ser consciente de que muchos de tus miedos están construidos por una narrativa egocéntrica, puedes comenzar a generar "*distancia necesaria*", sencillamente a separarte de esas múltiples y elaboradas construcciones mentales.

Separarte del ego-miedo es un proceso difícil que implica un esfuerzo continuo y disciplinado para que reconozcas que el ego es solo una parte de tu experiencia humana, pero no define tu esencia o valor intrínseco; es aquí donde lo complicado inicia, ya que el mismo ego sabotea tu camino, trata de racionalizar estos miedos y te inunda con innumerables distractores y justificaciones para botarte del camino de separación.

En el proceso de autoconocimiento, debes reconocer el miedo y comprenderlo para no dejarte controlar por él. Cuando eres consciente de las fuentes de tus miedos, puedes analizar su origen y decidir si realmente representan una amenaza o si son simplemente proyecciones de tu mente.

Al "administrar" el miedo, puedes transformarlo en una oportunidad para desafiar tus creencias limitantes, salir de tu zona de confort y avanzar hacia tus metas con una nueva perspectiva. Aquí, algunas acciones que te ayudarán a esa administración:

Acepta la incertidumbre: El primer paso para superar el miedo es aceptar que la vida es incierta y que el control que el ego busca es, en gran medida, ilusorio. A medida que cultivas la aceptación de esta realidad, el miedo disminuye, porque dejarás de resistirte al cambio y a lo desconocido.

Practica el desapego: Al desapegarte de la necesidad de validación externa o de tener que cumplir con una identidad fija, puedes liberarte del miedo a ser juzgado o rechazado. El desapego te permite actuar desde un lugar de autenticidad en lugar de vivir constantemente bajo la presión de las expectativas del ego.

Cultiva la autocompasión: Incontables meditaciones y sesiones de terapia las he dedicado a esta simple actividad; el entender cómo hacerla y darle paso a la autocompasión me ha permitido reconocer que los seres humanos no somos perfectos ni tenemos que serlo para sentirnos valiosos. El llegar a aceptar las sencillas frases siguientes ha tomado muchos años de mi vida: "no eres perfecto ni infalible", "está bien equivocarte", "es válido fallar". Al desarrollar una relación más compasiva contigo mismo, el ego pierde su fuerza sobre tus miedos al fracaso o al rechazo, la incertidumbre y muchos otros más.

Te puedo transmitir que, por experiencia propia y compartida por muchas personas, en las decisiones y momentos importantes de tu vida…

El miedo nunca desaparecerá; entonces, si lo quieres, hazlo con miedo.

… porque

Si no te arriesgas, no conseguirás nada.

Los traumas

El ego te puede traumar

Dentro de las múltiples y complejas facetas del ego, este también puede ser una **construcción rígida**, centrada en protegerse a sí mismo de cualquier amenaza, crítica o dolor emocional. Por lo tanto, el ego no es solo un medio de interacción con el mundo exterior, sino también una defensa ante las heridas internas, como los traumas.

***

¿Qué es un trauma?

El **trauma** es una experiencia, generalmente muy intensa, profundamente perturbadora o dolorosa, que sobrepasa la capacidad de una persona para procesarla emocional y psicológicamente en el momento en que ocurre. Los traumas pueden derivar de una variedad de eventos, como abuso físico o emocional, negligencia, violencia, pérdidas significativas, o incluso experiencias aparentemente menos intensas que dejan una huella duradera en nuestro ser. Los traumas no resueltos suelen manifestarse como patrones de comportamiento, creencias limitantes y reacciones emocionales intensas, que pueden seguir afectando la vida de una persona mucho tiempo después de haber ocurrido la experiencia original.

***
La relación entre el ego y el trauma

El **ego** y el **trauma** están relacionados porque el ego es, en gran medida, la estructura que protege a una persona de revivir el dolor asociado con el trauma. Después de una experiencia traumática, el ego construye mecanismos de defensa que buscan proteger al individuo de volver a sentirse herido o vulnerable. Estos mecanismos pueden incluir la negación, la represión, la proyección o la disociación. Aunque estas defensas pueden ser útiles a corto plazo para sobrevivir emocionalmente, con el tiempo pueden convertirse en barreras que impiden el procesamiento y la sanación del trauma.

***
Curando nuestros traumas

"El trauma puede rompernos, pero también tiene el poder de hacernos más fuertes si le permitimos enseñarnos".

Oprah Winfrey

Para curar nuestros traumas, debemos reconocer el papel del ego en nuestras reacciones y ser lo suficientemente valientes como para cuestionarlo. La clave está en ver nuestros traumas como oportunidades de autoconocimiento, en lugar de vernos como víctimas de nuestras experiencias pasadas. Al sanar, debemos abrazar nuestras emociones sin juzgarlas y permitirnos sentir plenamente, sin miedo ni vergüenza. Este proceso de autoaceptación y vulnerabilidad nos permite liberar las cargas emocionales, lo que nos abre a un crecimiento genuino. Al soltar las máscaras que el ego crea para protegernos, descubrimos una versión más auténtica de nosotros mismos, una que puede aprender de los traumas, sanar a través de la autocompasión y, finalmente, crecer. Este viaje de sanación es uno de los pasos más profundos hacia un desarrollo personal auténtico y hacia una vida más libre de las limitaciones que el ego impone.

La negación

Con la negación solo te bloqueas

Lo que niegas te somete mientras que lo que aceptas te transforma

La negación y el ego están estrechamente relacionados, ya que ambos desempeñan un papel crucial en la forma en que interpretamos y enfrentamos la realidad. La negación es un mecanismo de defensa psicológico que utiliza el ego para protegernos del dolor emocional, el miedo o la incomodidad que surgen de ciertas verdades difíciles de aceptar. Al rechazar o distorsionar estas realidades, el ego intenta mantener una imagen positiva de nosotros mismos y evitar cualquier amenaza a nuestra identidad, autoimagen o sensación de control. En este ensayo, exploraremos cómo la negación actúa como una herramienta del ego para protegernos y, al mismo tiempo, cómo puede limitar nuestro crecimiento personal y nuestra capacidad para enfrentar la realidad de manera saludable.

***
¿Qué es la negación?

En el contexto del *self-awareness* (autoconciencia), la negación se describe como un estado en el que una persona evita, consciente o inconscientemente, reconocer ciertos aspectos de sí misma, como pensamientos, emociones, comportamientos o situaciones, porque estos elementos son demasiado dolorosos o amenazan su autoimagen. La negación, en este sentido, se convierte en un bloqueo que impide un crecimiento auténtico y un mayor nivel de autoconocimiento.

La negación es una forma en la que el ego "bloquea la autoconciencia" para evitar confrontar verdades incómodas sobre uno mismo. Además, interfiere con el proceso de autoconocimiento, ya que nos impide enfrentar nuestros errores, debilidades y áreas de mejora. En su lugar, buscamos proteger nuestra identidad, aferrándonos a una visión idealizada de nosotros mismos.

Aunque la negación puede ser útil a corto plazo, ya que nos permite enfrentar situaciones difíciles de manera gradual, si se prolonga o se usa en exceso, puede convertirse en una barrera para el crecimiento personal, la autoevaluación y la resolución de problemas. En esencia, la negación impide que las personas enfrenten la realidad, lo que, en última instancia, puede llevar a una acumulación de problemas no resueltos y a un mayor sufrimiento emocional.

***
El ego como defensor de la identidad

El ego actúa como una barrera que impide el autoconocimiento genuino. En lugar de funcionar únicamente como un mediador entre los deseos internos y las expectativas externas, el ego se convierte en una estructura protectora que intenta preservar una autoimagen fija e idealizada. Cuando nos enfrentamos a verdades que desafían nuestras creencias o percepciones sobre nosotros mismos, el ego responde ocultando esas realidades incómodas para evitar la incomodidad emocional. En este contexto, el ego busca mantener una zona de confort psicológica, donde la persona se siente segura en su identidad y evita la introspección profunda que podría revelar errores, limitaciones o áreas de mejora.

El ego, en el ámbito del autoconocimiento, teme la vulnerabilidad que implica cuestionar nuestras acciones y pensamientos. Si reconocer una verdad significa admitir una falla o una debilidad, el ego rápidamente despliega mecanismos de defensa como la negación y distorsiona la percepción de la realidad. En lugar de ver la crítica o el *feedback* como oportunidades para crecer, el ego los interpreta como ataques a la identidad personal. Esta resistencia limita nuestra capacidad de desarrollar una autocomprensión honesta y auténtica; así, nos mantiene en un estado de autoengaño, alejados de nuestro potencial más elevado.

***
La negación como BARRERA para el crecimiento personal

La negación, como estrategia del ego, puede ser útil a corto plazo para evitar el dolor emocional. Sin embargo, si no se supera, puede convertirse en un obstáculo significativo para el crecimiento personal. Negar las áreas problemáticas de nuestra vida evita que enfrentemos la verdad y, por lo tanto, nos impide tomar medidas para mejorar o cambiar. Esta negación puede manifestarse de muchas formas, tales como rechazar la responsabilidad por nuestras acciones, minimizar nuestras fallas o ignorar aspectos de nuestra vida que necesitan atención.

Por ejemplo, si negamos que tenemos problemas en la relación con una persona, esto puede evitar el conflicto inmediato, pero también está negando la oportunidad de mejorar la relación, aprender de los errores o incluso tomar decisiones difíciles, como alejarnos o no relacionarnos más con esa persona. El ego, en su afán de protegernos, evita que exploremos nuestras debilidades y nos enfrentemos a nuestras propias limitaciones, lo que puede resultar en un estancamiento emocional y psicológico.

***
La negación y la autoimagen

"Cuando niegas la verdad sobre ti mismo, te pierdes en una imagen falsa que te impide crecer. Aceptarte tal como eres es el primer paso hacia el verdadero poder".

Oprah Winfrey

El ego también utiliza la negación para mantener una autoimagen idealizada. En lugar de reconocer las fallas o los errores, el ego a menudo construye una narrativa que minimiza o justifica los comportamientos negativos, y en el proceso distorsiona la realidad para alinearla con la imagen que deseamos proyectar. Esto es común en personas que se niegan a admitir que tienen actitudes o comportamientos tóxicos, ya que aceptar esa realidad significaría confrontar una imagen menos favorable de sí mismos.

El narcisismo es un ejemplo extremo de cómo el ego y la negación se combinan. Las personas con tendencias narcisistas a menudo niegan cualquier crítica o señal de que puedan tener defectos, pues su ego no puede tolerar la idea de ser imperfectos. Esto lleva a una negación constante de la realidad y a una resistencia a cualquier tipo de introspección o crecimiento personal.

***
Superar la negación y liberar al ego

"El ego es la voz que te dice que hay algo malo en ti, y la negación es el mecanismo que usa para mantenerte en la oscuridad".

Deepak Chopra

Para superar la negación y permitir que el ego se desarrolle de manera más saludable, es necesario cultivar la conciencia y la autoaceptación. La negación es una reacción automática del ego para protegernos del dolor, pero también nos aleja de la verdad. Al practicar la introspección y la autocrítica constructiva, podemos empezar a identificar cuándo estamos utilizando la negación para evitar enfrentar una realidad incómoda.

El desapego del ego, promovido por prácticas como la meditación o el *mindfulness*, puede ayudar a reducir la tendencia a la negación. Al desapegarnos de la necesidad de ser perfectos o de mantener una autoimagen inquebrantable, nos permitimos aceptar nuestras fallas, errores y limitaciones como parte del proceso de crecimiento. Aceptar la realidad, por dolorosa que sea, es el primer paso hacia el autoconocimiento y la transformación personal.

CONÓCETE
¿Y TÚ QUIÉN ERES?

Acaso sabes quién es el ser que habita en tu cuerpo y dirige tu mente...

El tiempo y las consecuentes experiencias que en este se presentan me han dado la oportunidad de conocer a una gran cantidad de personas; individuos de lo más diverso en creencias, formación profesional, entorno familiar, apariencia física, intereses, estado de salud, condición económica, nacionalidad, religión, etc. Puedo afirmar, sin duda o temor a equivocarme, que esta oportunidad es algo increíblemente valioso, puesto que me ha abierto una gigantesca puerta que, detrás de ella, guarda infinitas posibilidades de aprendizaje, en ocasiones evidentes y en otras no tanto.

Desde hace unos años, primero de manera involuntaria e inconsciente, empecé a analizar un poco más a todas estas personas que conocía; esto evolucionó; ahora, cada vez que tengo la oportunidad de interactuar con alguien repetitivamente, me hago siempre algunos cuestionamientos para tratar de conocer mejor a ese interlocutor.

Derivado de esta interacción con tantas personas, encontré un factor común, y es un tema repetitivo que me llama mucho la atención: los seres humanos le dedicamos muy poco esfuerzo a descubrir quiénes somos, a conocernos a nosotros mismos, a darnos a la tarea de cuestionarnos y a averiguar quién es ese que habita en mi cuerpo, en tu cuerpo, quién es el ser que ve los pensamientos pasar en tu mente, que observa desde afuera lo que pasa en tu vida y que toma las decisiones que te llevan a recorrer los caminos que has transitado.

Cuando a una persona que no te han presentado adecuadamente le haces la pregunta de cortesía "¿Y tú quién eres?", generalmente te responde con frases que nada tienen que ver con la esencia de esta pregunta; frases como:

- *Mi nombre es...*
- *Soy abogado...*
- *Vengo de tal país...*
- *Soy la pareja de...*
- *Soy el amigo de...*

"No te conformes con lo que sabes, busca siempre aprender más sobre ti mismo, porque el autodescubrimiento es lo que te permite evolucionar".

Emma Watson

Todas estas respuestas definen tu circunstancia, lo que te identifica (nombre), lo que haces (profesión), con quién vives, de dónde vienes, qué te gusta, etc., y realmente son un componente de quién eres, mas no te definen. Claro que son importantes porque seguramente ocupan gran parte de tu tiempo y te han puesto en muchas circunstancias que han influido en tu vida; sin embargo, hay que ir más profundo. Para encontrar quién eres, tenemos que ir un poco, o mucho, más profundo en tu esencia; tenemos que pensar en cómo averiguar qué es lo que te define, aquello que tiene valor y verdadero significado en tu vida. Para encontrar esas respuestas, primero hay que hacer las preguntas, y te presento algunas en la siguiente sección.

***

Lo que te gusta

Inicia con lo más sencillo: saber lo que te gusta; asumo que lo tienes claro. Puedes hacer rápidamente una lista de las cosas que te gustan y de las cosas que te apasionan... pero ¿puedes diferenciarlas? Si no lo tienes claro, empieza por una lista de aquello que no te gusta y no quieres para nada en tu vida, esto te dará algo de claridad, después prosigue con las siguientes preguntas:

¿Qué actividades hacen que pierdas la noción del tiempo?

Simple y sencillamente esto te hará darte cuenta de las cosas que te dan alegría y qué es lo que hace que te abstraigas del mundo que te rodea... además de que sea una liberación de los problemas del día a día.

¿Qué es aquello que harías si el dinero no tuviera importancia?

Imagina tu vida libre de cualquier preocupación o presión financiera, y ya en ese estado de existencia piensa en aquellas cosas que harías por simple gusto.

¿En qué cosas tienes habilidad nata?

Piensa en esas habilidades y talentos que se te dan fácilmente; aun en aquellas a las que no les prestas mucha atención porque "son muy fáciles" o triviales.

¿Qué valores son para ti los más importantes en tu vida?

Considera los principios que guían la mayor parte de tus decisiones; qué ideas de comportamiento y vida son las que defiendes siempre; cuáles idealizas pero no sigues y cuáles estás convencido de que te gustaría adoptar.

¿Qué miedos son los que hacen que te detengas?

Esos temores, algunos grandes y en ocasiones pequeñas cosas, que hacen que te detengas, que no logres cumplir tus deseos u objetivos de vida.

Cuando ya no estés en este mundo, ¿por qué razón quisieras ser recordado?

Sobre todo, piensa en las acciones que verdaderamente impactan a la comunidad y la vida de otros (en este caso hablamos en sentido positivo); aquello en lo que contribuyes o puedes contribuir en mayor o menor grado y que al final de cuentas es por lo que la gente te recordará.

¿Qué tipo de problemas te gusta resolver?

Identifica aquellos retos que te emocionan, te llenan de energía, que captan tu atención, que hacen que no tengas mesura en el esfuerzo y que muchas veces le dan propósito a un momento determinado de tu vida.

¿Qué tipo de personas se acercan a ti para pedir consejos?

Este punto te ayudará a identificar qué personas ven que tienes áreas de valor para ellos, y en consecuencia en qué proyectas una imagen de experiencia, credibilidad y fortaleza.

***
Con quién te juntas

"Elige sabiamente a las personas con las que te rodeas. Las relaciones son un reflejo de lo que eres y de lo que necesitas aprender".

Oprah Winfrey

¿De qué tipo de personas te rodeas?

Qué perfil y personalidad tienen aquellos que forman parte de tu entorno en este momento o que lo han sido en el pasado: tus amigos, compañeros de estudio, compañeros en eventos sociales, de tu grupo de trabajo, etc.

En este punto hay cuestiones adicionales a identificar:

¿Te rodeas con ellos de manera desinteresada y por gusto?
¿Los buscas tú a ellos por interés?
¿Ellos te buscan a ti por interés?
¿Forman parte de un estilo de vida que deseas?
¿Tú simbolizas un estilo de vida que ellos desean?

Ser claro en este punto puede darte mucha luz de aquello que deseas y de aquello que proyectas.

***
¿Cuándo nos logramos conocer completamente?

Autoconocernos es un proceso continuo que no tiene un final determinado; no hay una línea final como en una carrera. En este proceso, conforme vamos adquiriendo conocimiento, experiencia y apertura, vamos descubriendo candados y fabricando nuevas llaves que nos permiten abrirlos; dentro de las cajas que estos candados mantenían cerradas están todos los factores que vamos conociendo de nuestra vida: los sueños, sentimientos, miedos, metas, recuerdos olvidados, experiencias, juicios y todo aquello que define quiénes somos el día de hoy.

Como ejemplo, te comparto algo que me ocurrió pocos días antes de escribir estas líneas, con este libro ya avanzado y que me ha puesto a replantear el contenido de algunos capítulos.

Mi madre falleció en diciembre del 2018 después de haber padecido por alrededor de siete años una enfermedad mental degenerativa. Yo estaba convencido de que, después de recorrer el duelo, mi proceso de autoconocimiento con respecto a mi relación con ella, a su enfermedad y a su muerte había concluido. Nada más lejano a la realidad. Me tomó casi 6 años poder regresar a evaluar mi estado en torno a su fallecimiento, dar ese pequeño salto de autoconocimiento. En una noche de meditación intensa, pude tener "un último diálogo" con mi mamá. En este platicamos de las cosas que ambos nos queríamos decir durante su proceso de enfermedad (durante los últimos tres años estuvo desconectada de este plano de realidad) y en sus días terminales en el hospital; como resultado de este diálogo, obtuve entendimiento y claridad. Entendí y me percaté de algunas cosas que yacían durmientes. Comprendo ahora por qué tengo determinada forma de apreciar y reaccionar a ciertas circunstancias, y tuve una mejor noción de lo que ella veía en mí. Obviamente, me alegré y entristecí al mismo tiempo. Sin embargo, siento que di un paso imprescindible e importante en mi interior al entender mejor el origen de algunos factores importantes de mi personalidad y de mi relación con mi Yo. Entender es solo el primer paso, uno muy importante, en el que cuando se me presentan situaciones relacionadas, si no estoy bloqueado por una emoción intensa, acude este conocimiento a mi mente y me permite evaluar y en ocasiones actuar de manera diferente, con una mayor claridad y control sobre mi sentir y proceder.

En conclusión, desde mi perspectiva, quiero compartirte que el autoconocimiento es un platillo que se cocina lentamente, que evoluciona con base en nuestro estado energético y emocional presente, a la apertura intelectual, a nuestro conjunto actual de creencias, al círculo de amistades del momento y muchos otros factores más. El autoconocimiento tiene momentos brillantes de gran apertura, contrastados con momentos de cerrazón y desesperación; todas estas fases forman parte del juego, son, en sí, el adoquín del camino, son necesarias y altamente enriquecedoras. Sé plenamente consciente de cada etapa, identifícala y mantente siempre en la disposición de aprender a conocerte, trata de disfrutarlo y nunca te critiques ni te hables mal cuando te estés conociendo, trátate con cariño y respeto, porque, como te trates, obtendrás respuestas y resultados; si te tratas positivamente y con alta energía, obtendrás respuestas y resultados positivos y de alta energía; lo contrario también ocurrirá.

Oblígate a mostrarte a ti mismo

Muéstrate como eres

Si alguien tiene la habilidad de esconderse de nosotros es nuestro yo. Puede ser elusivo, rebelde, engañoso y cruel con tal de no mostrarse tal y como es.

***
El beneficio al "Saber Ser"

El proceso de desarrollo personal hacia el concepto de "Saber Ser" implica una profunda conexión con nuestra autenticidad y nuestra verdadera esencia. Es un camino que requiere que nos mostremos tal como somos, sin máscaras ni defensas, permitiéndonos ser vulnerables y honestos con nosotros mismos. Este acto de revelarnos no solo se refiere a mostrar nuestra persona externa, sino a aceptar, explorar y compartir nuestras emociones, pensamientos, deseos y miedos más profundos. El "Saber Ser" es la capacidad de conocernos, aceptarnos y ser auténticos, sin la necesidad de ajustarnos a las expectativas externas. Es un proceso liberador y transformador que tiene profundos beneficios en nuestro desarrollo personal.

Mostrarnos a nosotros mismos tiene una importancia crucial para el desarrollo personal y el bienestar. Cuando tomamos la decisión de obligarnos a enfrentar nuestras verdades internas, tanto las fortalezas como las debilidades, nuestros gustos y repulsiones, empezamos a abrirnos paso en un difícil sendero, uno que tenemos que recorrer si queremos reconocer quiénes somos realmente; este recorrido lo debemos de hacer desnudos, sin máscaras, sin velos y sin autoengaños. Esta acción no solamente favorece un conocimiento más profundo de nosotros mismos, sino que también nos impulsa a vivir de manera más libre, auténtica y sintiéndonos más ligeros y relajados, puesto que estamos alineados con nuestros valores, creencias y sentimientos.

El recorrer este camino nos abre la posibilidad de obtener algunos resultados que pueden ser de valor en la vida diaria:

Autenticidad: Cuando nos mostramos tal como somos, dejamos de gastar energía en mantener una imagen falsa o complaciente. La autenticidad nos libera de la necesidad de agradar a los demás y nos permite vivir de acuerdo con nuestra verdadera esencia. Según estudios en psicología positiva, las personas que viven de manera auténtica tienden a experimentar mayores niveles de bienestar y satisfacción.

Mejora de la autoaceptación y autoestima: Al aceptar todas las partes de nosotros mismos, incluyendo nuestras imperfecciones, fomentamos una relación más saludable con nuestra autoimagen. El proceso de mostrarnos a nosotros mismos nos obliga a reconocer nuestras fallas y aprender de ellas, en lugar de negarlas o esconderlas. Este autoconocimiento contribuye a una autoestima más sólida, ya que nos aceptamos plenamente.

Facilita el crecimiento personal: Cuando somos conscientes de nuestras debilidades y áreas de mejora, es más fácil establecer un plan de acción para superar nuestros límites y alcanzar nuestras metas. La autoconciencia proporciona claridad sobre qué aspectos de nuestra vida necesitan atención y cambio, con lo cual nos permite avanzar de manera más consciente y efectiva en nuestro desarrollo.

Fortalece las relaciones: Al ser transparentes con quienes nos rodean, fomentamos relaciones basadas en la sinceridad y la confianza. Mostrar nuestra vulnerabilidad y autenticidad permite que los demás también se sientan cómodos para ser ellos mismos, y así se crean conexiones más profundas y significativas.

***

Libera las cadenas de la autocensura

En un mundo donde constantemente somos bombardeados por expectativas sociales y roles predefinidos, el impulso de mostrarnos a nosotros mismos es una acción radical. A menudo, el miedo al juicio o al rechazo nos lleva a escondernos detrás de máscaras que no nos representan. La autocensura se convierte en una barrera que nos impide ser sinceros con nosotros mismos y con los demás. Sin embargo, cuando nos permitimos ser auténticos, dejamos de lado esas máscaras y empezamos a aceptar nuestra vulnerabilidad. Esto no solo fortalece nuestra autoestima, sino que también nos da paz interior. La autenticidad nos permite liberarnos de las expectativas externas y vivir de acuerdo con nuestros propios valores y deseos, lo que es fundamental para el proceso de autoconocimiento.

***

Impacta el logro de tus metas personales

Cuando nos mostramos a nosotros mismos y nos comprometemos a ser auténticos, también abrazamos nuestras ambiciones y metas personales de manera más clara y efectiva. La autenticidad nos permite saber quiénes somos realmente, qué queremos lograr y por qué lo queremos. Esto genera un sentido de propósito más fuerte y enfocado. Al liberarnos de las limitaciones autoimpuestas por el ego o las expectativas externas, somos más libres para perseguir nuestros objetivos con pasión y determinación. El "Saber Ser" nos impulsa a actuar de acuerdo con nuestras propias creencias y deseos, sin la influencia de lo que otros piensan que deberíamos ser o hacer. Esto nos permite avanzar de manera más decidida y coherente hacia nuestras metas.

***
El proceso tiene desafíos y recompensas

Mostrarnos a nosotros mismos es, sin duda, desafiante. Nos enfrentamos a miedos, inseguridades y resistencias internas que a menudo nos dicen que no somos dignos de ser vistos tal como somos. La autoaceptación y el autoconocimiento requieren tiempo, paciencia y perseverancia. Sin embargo, el beneficio a largo plazo de este proceso es innegable. Al darnos permiso para ser auténticos, nos transformamos. Nos volvemos más resilientes, seguros y compasivos, no solo con nosotros mismos, sino con los demás. Al estar en contacto con nuestra verdad interior, crecemos en todos los aspectos de nuestra vida, desarrollando una autenticidad que nos lleva a vivir con mayor paz, claridad y propósito.

Autosabotaje

Te autosaboteas

"El único que puede detenerte eres tú mismo. La clave está en romper la historia que te cuentas sobre tus limitaciones".

Richard Branson

En el camino de una vida, cuando llega el reto de tomar *self-awareness* (autoconciencia), uno de los obstáculos más persistentes y complejos es el **autosabotaje**. A pesar de nuestras metas y deseos, el autosabotaje es la tendencia inconsciente de minar y obstaculizar nuestros propios esfuerzos y objetivos. Este fenómeno es una barrera que nos mantiene atrapados en patrones de comportamiento cíclicos, por lo tanto, repetitivos y limitantes, que nos impiden avanzar hacia una vida más plena y consciente.

En este capítulo, haré mi mejor esfuerzo por explicarte en qué consiste el autosabotaje, comprender sus raíces psicológicas y explorar cómo, a través de la autoconciencia, podemos identificar sus manifestaciones en nuestras vidas y comenzar a superarlo.

Busqué presentarte una serie de ideas que te ayuden a ver las diferentes maneras posibles en que te puedes sabotear y ofrecerte una serie de herramientas para romper con esos patrones destructivos.

***
¿Qué es el autosabotaje?

El autosabotaje se refiere a comportamientos o patrones de pensamiento que nos impiden lograr lo que realmente queremos. Es un fenómeno donde, aunque conscientemente deseamos avanzar, por distintas razones, nuestras acciones nos empujan en dirección contraria. Puede manifestarse en muchos aspectos de la vida, como las reacciones inesperadas, la procrastinación, las relaciones destructivas, el miedo al éxito, el perfeccionismo extremo y la duda constante.

En el contexto del *self-awareness*, el autosabotaje es una señal de conflictos internos o emociones no resueltas que influyen en nuestras decisiones. El autosabotaje suele ser una manifestación de baja autoestima, miedo al fracaso o patrones de pensamiento negativos que se han arraigado en nuestro subconsciente. Estos patrones funcionan como una forma de protección, al impedir que enfrentemos desafíos o posibles decepciones, y curiosamente tienen el efecto de destrucción total de nuestros sueños y objetivos.

***

Identificación del autosabotaje

Para superar el autosabotaje, el primer paso es identificar cuándo y cómo ocurre en nuestra vida.

"El autosabotaje se muestra en el momento en que te convences de que no mereces lo que quieres o que no eres capaz de alcanzarlo".

Sheryl Sandberg (CCO Facebook)

Los signos que se pueden presentar en tu vida pueden ser:

Procrastinación: Postergar constantemente tareas importantes, incluso cuando sabes que posponerlas solo agravará el problema, es una de las formas más frecuentes de autosabotaje. A menudo, con la procrastinación encubrimos el miedo al fracaso, la falta de confianza o el perfeccionismo.

Duda constante: Si dudas excesivamente de tus decisiones y sientes que nunca estás "listo" o eres "lo suficientemente bueno", estás creando un bloqueo mental que te impide avanzar. La duda crónica se relaciona con la falta de confianza y la necesidad de aprobación externa.

Autojustificación: Excusas como "No tengo tiempo", "No tengo los recursos" o "No soy capaz" son señales de autosabotaje. Estas frases crean una narrativa que justifica la inacción y minimiza la responsabilidad personal.

Perfeccionismo: En muchas ocasiones, el perfeccionismo puede parecer una cualidad positiva; sin embargo, cuando está mal enfocado, su realidad es diferente: lleva a la inacción y a la frustración. El perfeccionismo es la creencia de que algo debe ser absolutamente perfecto antes de que sea digno de ser presentado o terminado, lo cual genera una autocrítica constante.

Relaciones destructivas: Mantener relaciones que te lastiman o te hacen retroceder es una forma de autosabotaje que puede reflejar una baja autoestima o la creencia de que no te mereces algo mejor.

Renuncia anticipada: La tendencia a rendirte antes de intentarlo o abandonar los proyectos justo cuando empiezan a funcionar es una señal clara de autosabotaje. Este comportamiento puede surgir de un miedo al éxito y a la responsabilidad que este implica.

***
Raíces psicológicas del autosabotaje

El autosabotaje tiene raíces profundas en la psicología humana. Este comportamiento puede derivarse de experiencias anteriores, mal interpretadas por habernos ocurrido cuando no teníamos las herramientas necesarias para procesarlas correctamente, creencias limitantes y patrones de pensamiento negativos.

El autosabotaje comúnmente se soporta en estas causas:

Miedo al fracaso: Este miedo te lleva a evitar el riesgo y a mantenerte en una zona de confort, aunque esa zona te mantenga estancado. Al temer el fracaso, prefieres (inconscientemente) no intentarlo, creyendo que así evitarás el dolor del error.

Miedo al éxito: Este es un temor menos evidente, pero muy común. Al temer el éxito, evitas situaciones en las que puedes ser observado, juzgado o tener mayores responsabilidades. Este miedo se relaciona con la presión de mantener un rendimiento constante y el miedo a la envidia o la desaprobación de otros.

Creencias limitantes: Estas son afirmaciones negativas que has aceptado como verdaderas a lo largo del tiempo, estando de acuerdo con ellas o no, como "No soy lo suficientemente bueno" o "No merezco el éxito". Estas creencias actúan como barreras internas y te hacen ver los retos como imposibles de superar.

Superar el autosabotaje: Estrategias para liberarse de los patrones destructivos

La autoconciencia es la clave para que logremos superar el autosabotaje, ya que nos ayuda a identificar nuestras motivaciones y los patrones internos que nos bloquean. Este es un proceso que en sí mismo se sabotea, por lo que requiere de especial esfuerzo y atención de nuestra parte.

Qué podemos hacer para ayudarnos a liberarnos del auto sabotaje:

Practica la autoobservación:

El **self-awareness** comienza con la autoobservación. Lleva un diario o reflexiona diariamente sobre tus pensamientos y comportamientos. Observa si estás procrastinando, si te sientes inseguro o si estás repitiendo patrones que te imponen restricciones. Este ejercicio te ayudará a reconocer cuándo y cómo ocurre el autosabotaje.

Redefine tus creencias limitantes:

Identifica las creencias que te impiden avanzar y cuestiona su validez:

¿Comulgas con ellas?

¿Reflejan tu realidad?

Pregúntate si realmente son ciertas, si son producto de experiencias pasadas o simplemente estás creando una historia falsa. Sustituye esas creencias negativas por afirmaciones positivas y realistas, como "Soy capaz de aprender y mejorar" o "Merezco alcanzar mis metas".

Divide tus objetivos en pasos pequeños:

A veces, el autosabotaje ocurre porque nuestras metas nos parecen inalcanzables. Dividirlas en pasos más pequeños y alcanzables reduce la sensación de agobio y nos permite avanzar sin sentirnos abrumados. A medida que alcances pequeños logros, tu confianza en ti mismo se fortalece, lo que te motivará a continuar.

Aprende a aceptar el fracaso:

El miedo al fracaso es una de las causas más comunes del autosabotaje. Al practicar la autocompasión y aceptar el fracaso como una parte natural del proceso de aprendizaje, reduces el impacto emocional de los errores y ganas una mayor resiliencia. Recuerda que cada intento fallido es una oportunidad para aprender y mejorar.

Visualiza el éxito de manera realista:

La visualización es una técnica poderosa para superar el autosabotaje. Al visualizar el éxito y los pasos necesarios para alcanzarlo, puedes reducir el miedo a lo desconocido y sentirte más preparado para enfrentar los retos. Imagina cómo te sentirás cuando logres tus metas y concéntrate en los pasos específicos que te llevarán allí.

Rodéate de personas que te apoyen:

Las personas que nos rodean influyen en nuestros patrones de comportamiento. Rodéate de amigos, colegas y mentores que creen en ti y que pueden ofrecerte apoyo cuando sientas dudas. Estas relaciones pueden ayudarte a enfrentar el autosabotaje y a mantenerte enfocado en tus metas.

Practica la gratitud y el reconocimiento:

Reconocer y celebrar tus logros, por pequeños que sean, es una forma poderosa de combatir el autosabotaje. La gratitud y el reconocimiento te permiten apreciar tus esfuerzos y cultivar una actitud positiva hacia el progreso, en lugar de concentrarte únicamente en lo que falta por alcanzar.

El autosabotaje es un obstáculo común en el camino hacia el desarrollo personal; afortunadamente, hay una buena noticia: el *self-awareness* nos ofrece una herramienta poderosa para superarlo. Al ser consciente de tus pensamientos y patrones de comportamiento, puedes identificar cuándo y cómo te estás saboteando y tomar medidas para romper esos ciclos destructivos. Practicar la autoconciencia te permite utilizar los momentos donde se presenta el autosabotaje como una oportunidad para profundizar en tus emociones, enfrentar tus miedos y reemplazar las creencias limitantes por pensamientos positivos y realistas.

En mi caso, algo que todos los días tengo que hacer es enfrentar el autosabotaje con autoconciencia; he podido crecer poco a poco mi resiliencia emocional y, al hacerlo, me he llenado de energía para vivir una vida más plena y satisfactoria.

Superar el autosabotaje es muy muy difícil, requiere mucha paciencia y compromiso; sin embargo, es un paso esencial para alcanzar nuestros objetivos y tener una vida más agradable.

LAS PASIONES
¿QUÉ ES UNA PASIÓN?

"Una pasión es aquello que enciende tu espíritu y convierte lo ordinario en extraordinario".

Desde un enfoque coloquial, una pasión es algo que te mueve y te motiva a actuar con entusiasmo y dedicación. Es aquello que harías incluso si no recibieras una recompensa externa (es frecuente lo contrario: recibimos dolor, frustración y, para llevarlas a cabo, tenemos que pagar), porque el proceso en sí mismo es placentero y significativo. Una pasión va más allá de ser una simple afición o un pasatiempo ocasional; se convierte en una parte esencial de quién eres y en un reflejo de lo que valoras profundamente.

"Cuando vives tus pasiones, el mundo deja de ser un lugar al que perteneces y se convierte en un reflejo de tu alma".

En el contexto del ***self-awareness***, una pasión representa no solo un interés fuerte y poderoso, sino también una forma de conexión auténtica con uno mismo. Es una manifestación de tu identidad y valores personales, ya que tiende a reflejar tus creencias más profundas, tus habilidades naturales y lo que realmente te importa en la vida. Cuando encuentras algo que te apasiona, estás en sintonía con tus motivaciones internas y te vuelves más consciente de lo que te hace sentir pleno y realizado.

Podemos describir la pasión como un estado en el que las personas se encuentran tan inmersas en una actividad que pierden la noción del tiempo y del entorno. Este concepto sugiere que, cuando estamos realizando una actividad que realmente nos apasiona, experimentamos un nivel de satisfacción más elevado y una concentración profunda que nos permite rendir al máximo.

¿Te ha pasado que al estar ejecutando una de tus pasiones pierdes toda noción de tiempo y espacio, y las necesidades básicas, como el hambre, las ganas de ir al baño o el frío, desaparecen momentáneamente?

***
Tipos de pasiones en la vida

Las pasiones pueden variar enormemente, y lo que para una persona puede ser una pasión, para otra puede no ser significativo. Sin embargo, algunas pasiones comunes que la gente puede tener en la vida incluyen:

Deportes y actividad física: El atletismo, las artes marciales, el yoga, el senderismo, el tenis, el tiro al plato, la cacería o cualquier otra actividad física que mantenga a la persona en un estado de flujo. Los deportes no solo contribuyen al bienestar físico, sino también al mental, ya que ayudan a liberar endorfinas, reducen el estrés y mejoran el estado de ánimo.

Conocimiento y aprendizaje continuo: La búsqueda del conocimiento puede ser una pasión, ya sea a través de la lectura, el estudio de la ciencia, el aprendizaje de idiomas o la investigación en diversas áreas. Para algunas personas, el acto de aprender y mejorar constantemente es una fuente inagotable de satisfacción.

Comida y experiencias gastronómicas: Es muy frecuente encontrar individuos cuya pasión está relacionada con el epicureísmo, es decir, con el arte del bien vivir. La comida, el vino y las experiencias que rodean estas actividades son una fuente de inspiración y pasiones para una gran cantidad de personas que buscan su propia expresión en estos medios.

Arte y creatividad: La música, la pintura, la escritura, el cine o cualquier forma de expresión artística que permita a la persona manifestar sus emociones, pensamientos y creatividad. La práctica del arte puede ser una vía para conectar profundamente con uno mismo y transmitir lo que las palabras no pueden expresar.

Causas sociales y trabajo comunitario: Trabajar en causas sociales, como el medio ambiente, la justicia social o el voluntariado, puede ser una pasión para aquellos que encuentran un propósito en contribuir a algo más grande, como nuestra comunidad. Este tipo de pasión puede estar relacionado con la búsqueda de una vida con sentido y la conexión con su entorno y con los demás.

Emprendimiento y desarrollo profesional: La creación de empresas, el desarrollo de nuevos proyectos o la innovación en sus campos profesionales son fuentes importantes de pasión. Para algunos, estas actividades les permiten desarrollar sus habilidades, alcanzar logros significativos y crear un impacto en su círculo de influencia.

Viajes y exploración: La pasión por viajar va más allá del simple placer de conocer nuevos lugares. Es una forma de aprendizaje constante y de apertura a nuevas culturas, perspectivas y experiencias de vida.

"Haz de tus pasiones un camino, y descubrirás que la felicidad no es un destino, sino el viaje mismo".

Paulo Coelho

¿Tienes identificadas tus pasiones?

¿Al estar practicando alguna de tus pasiones has tenido momentos de "iluminación", inspiración o conocimiento especial de ti mismo?

Identifica tus pasiones

Identifica tus pasiones

El proceso de descubrir nuestras pasiones puede ser un viaje complejo, ya que no siempre es evidente lo que realmente nos mueve. Sin embargo, siguiendo algunos pasos prácticos, podemos aclarar nuestras inclinaciones y encontrar aquello que realmente nos apasiona.

Identificar nuestras pasiones es algo engañoso y no siempre lo tenemos tan claro. Lo primero que tenemos que entender y diferenciar es la diferencia entre un gusto y una pasión.

"Nuestras pasiones son las raíces profundas que alimentan el árbol de nuestros sueños".

La diferencia entre un gusto y una pasión radica en la profundidad y el impacto emocional que tienen en nosotros. Un gusto es algo que disfrutamos de manera ocasional y puede proporcionarnos placer temporal, pero no necesariamente implica un compromiso duradero o un sentido de propósito. En cambio, una pasión es una inclinación más profunda que involucra una conexión emocional intensa y nos impulsa a invertir tiempo y esfuerzo de manera continua. Las pasiones reflejan nuestras motivaciones internas más significativas y son una parte fundamental de nuestra identidad, ya que nos proporcionan un propósito claro y un camino hacia el crecimiento personal.

Diversos autores y *coaches* (mentores) hablan de una metodología que te permita identificar tus pasiones; personalmente, no estoy convencido de que se deba definir como tal. En mi caso, ofrezco algunas preguntas y puntos que espero que te ayuden a identificar tus pasiones y a separarlas de tus gustos:

"Descubrir tu pasión es un viaje, no un destino. Tienes que estar dispuesto a explorar, probar y fracasar para encontrar lo que realmente te mueve".

Steve Jobs

1. Reflexiona sobre tus intereses y experiencias pasadas

Comienza por escribir una lista de actividades o temas que han captado tu interés en el pasado, para hacer esta lista considera estos puntos:

Qué te gustaba hacer cuando eras niño. ¿Qué actividades realizabas con entusiasmo? Muchas veces, las pasiones que desarrollamos en la infancia pueden ser una pista importante para identificar lo que nos motiva naturalmente.

Momentos en los que has experimentado una gran satisfacción u orgullo. Considera las actividades o logros que te han hecho sentir especialmente bien contigo mismo.

Lo que disfrutas hacer en tu tiempo libre sin que nadie te lo pida. Si hay algo que haces regularmente sin necesidad de una recompensa o presión externa, podría ser un indicio de una pasión subyacente.

2. Experimenta y prueba cosas nuevas

Es probable que aún no hayas encontrado "tu pasión"

A veces, la mejor manera de descubrir tus pasiones es salir de la rutina y probar cosas diferentes. Únete a grupos, inscríbete en clases o realiza actividades que nunca hayas intentado antes. Puede que te sorprendas al encontrar un nuevo interés que nunca imaginaste.

Mantente consciente **de tus emociones** durante estas experiencias y pon especial atención en esto:

¿Te sientes motivado y entusiasmado?

¿Pierdes la noción del tiempo mientras realizas la actividad?

Estas son señales de que podrías haber encontrado una pasión potencial.

3. Realiza un análisis introspectivo

Practica el **self-awareness** prestando atención a cómo te sientes mientras realizas diferentes actividades. Hazte preguntas como:

¿Cuándo me siento más feliz o realizado?

¿Qué actividades o temas me despiertan un interés profundo?

¿Qué es aquello que haría con gusto y sin pensar el resto de mi vida aunque no recibiera una recompensa a cambio?

El análisis introspectivo implica estar atento a tus reacciones emocionales y a lo que te da una sensación de **flujo**. Cuando estás haciendo algo que realmente te apasiona, tiendes a sentirte más **energizado, motivado** y **creativo**

4. Pide retroalimentación a personas cercanas

Consulta con amigos, familiares o colegas que te conozcan bien. Pregúntales en qué situaciones te han visto más contento, emocionado o comprometido, o si notan que hay actividades que realizas con más entusiasmo. A veces, las personas que nos rodean pueden ver cosas en nosotros que nosotros mismos no percibimos claramente.

5. Busca la integración de tus pasiones en tu vida diaria

Una vez que hayas identificado algunas pasiones, busca formas de incorporarlas en tu vida cotidiana. Esto no significa que tengas que cambiar de carrera o dedicar todo tu tiempo libre a esa actividad, pero sí puedes buscar maneras de integrarla progresivamente. La **consistencia** es clave para que una pasión tenga un impacto duradero en tu vida.

***

¿Y después de descubrir nuestras pasiones?

Una vez que hemos descubierto nuestra pasión, el siguiente paso, según el concepto de "Saber Ser" y el autoconocimiento, es integrar esa pasión de manera coherente en nuestras vidas. El autoconocimiento nos permite entender profundamente lo que nos motiva, pero no basta con saber lo que nos apasiona; debemos comenzar a vivirlo y alinearlo con nuestras acciones diarias. Esto requiere un compromiso real con nosotros mismos, donde las decisiones que tomemos estén en sintonía con lo que realmente amamos hacer. Este proceso no es solo una cuestión de seguir nuestras pasiones de manera superficial, sino de profundizar en ellas, de ser auténticos en nuestras elecciones y de sostener nuestra energía en ese propósito. Al hacerlo, comenzamos a ser más auténticos y a crear una vida más rica, llena de significado y congruencia entre lo que somos por dentro y lo que mostramos al mundo.

El siguiente paso implica no solo la acción, sino también el trabajo interno para superar las resistencias internas que puedan surgir. Después de descubrir lo que amamos hacer, es común encontrarnos con miedos y dudas que nos desafían, especialmente cuando nos enfrentamos a la idea de poner nuestra pasión en el centro de nuestras vidas. Aquí es donde el "Saber Ser" juega un papel crucial, ya que nos invita a ser valientes, a abrazar nuestra vulnerabilidad y a continuar el proceso de autoconocimiento mientras nos enfrentamos a estos miedos. Aceptar que podemos ser imperfectos y que el proceso de crecimiento es continuo nos permite avanzar con confianza. Así, el paso siguiente es no solo actuar según nuestras pasiones, sino hacerlo con la confianza y la autenticidad que provienen de conocernos profundamente y aceptar nuestras fortalezas y debilidades, para permitir que nuestra pasión se convierta en una herramienta poderosa para transformar nuestra vida y la de quienes nos rodean.

Nuestras pasiones y la felicidad

Nuestras pasiones y la felicidad

"Descubre lo que te apasiona y deja que te llene de alegría; no hay mayor propósito que ser feliz haciendo lo que amas".

Steve Jobs

***

Las pasiones y su relación con la felicidad

El vínculo entre las pasiones y la felicidad es profundo. Cuando nos permitimos seguir nuestras pasiones, experimentamos un mayor sentido de propósito y satisfacción. La felicidad no es simplemente un estado de ánimo pasajero, sino un sentimiento de plenitud que surge cuando nuestras acciones están alineadas con nuestros valores y lo que realmente nos importa.

Esa pasión puede ser tu fuente de propósito

"La pasión es el puente que conecta tus sueños con tu propósito".

Oprah Winfrey

En nuestra vida, el propósito es uno de los factores clave para la felicidad duradera. La pasión es una de las maneras en que encontramos ese propósito; nos orienta hacia un objetivo y nos da un camino por el cual sentimos valor al transitarlo, al poner sobre la mesa un motivo para seguir adelante, para superar obstáculos y para invertir en algo que tiene un valor intrínseco para nosotros. Cuando seguimos nuestras pasiones, estamos construyendo una vida que está alineada con nuestra esencia, en pocas palabras, con nuestros propósitos; lo que aumenta significativamente nuestra satisfacción general.

El estado de flujo y la felicidad

"La felicidad radica en disfrutar el camino, no solo en alcanzar la meta. Cuando amas lo que haces, el flujo se convierte en tu estado natural".

Dalai Lama

Anteriormente expresé que una manera como podemos alcanzar la felicidad es cuando estamos profundamente inmersos en una actividad que nos desafía y nos involucra por completo. Cuando perseguimos nuestras pasiones, tendemos a experimentar más a menudo este estado de flujo —comúnmente se dice que "fluimos"—, ya que las actividades que amamos de manera natural capturan nuestra atención, nos llevan a un estado casi de trance en el que nos exigen dar lo mejor de nosotros mismos.

El fluir, o estado de flujo, es ese momento en el que estás haciendo algo que amas o que te reta justo en el nivel adecuado: ni demasiado fácil como para aburrirte, ni tan difícil como para frustrarte.

Imagina que estás pintando, jugando un partido de fútbol, tocando un instrumento o, incluso, resolviendo un problema que te apasiona. De repente, dejas de pensar en lo que te rodea, no tienes hambre, ni sueño, ni te distraes. Es como si todo lo demás desapareciera, y solo existieran tú y lo que estás haciendo. Tus movimientos, tus pensamientos, todo fluye sin trabas, como un río que sigue su curso natural.

Ese estado de flujo no es casualidad. Ocurre cuando estás completamente presente en lo que haces y disfrutas el proceso. Es como bailar al ritmo perfecto de la música que más te gusta: estás tan sincronizado que ni siquiera necesitas pensar en los pasos.

Por ejemplo, un surfista en una gran ola, que siente cómo cada movimiento suyo se alinea con la energía del agua, está en flujo. Ahora, piensa en un chef que está en su cocina creando un platillo increíble, cortando, mezclando y cocinando, todo con una precisión y concentración absoluta. En ese momento, están viviendo el presente al máximo.

El estado de flujo no solo se siente bien, también saca lo mejor de ti, porque te obliga a estar enfocado y a dar tu máximo esfuerzo sin estrés. Es como tu versión más auténtica y eficiente trabajando de manera armoniosa.

***
Las pasiones promueven el bienestar emocional

Seguir nuestras pasiones también contribuye a un mayor **bienestar emocional** al proporcionar una salida para expresar nuestra identidad y nuestras emociones. En el contexto del *self-awareness*, ser consciente de nuestras pasiones nos ayuda a evitar caer en la rutina o la apatía, ya que tenemos algo que nos impulsa y nos motiva a crecer continuamente. Las pasiones nos dan una razón para enfrentar los desafíos con una actitud más positiva y resiliente.

Cómo las pasiones nos ayudan a superar desafíos

"La única forma de lograr lo imposible es creer que es posible, y eso solo ocurre cuando estás profundamente conectado con lo que amas".

Elon Musk

Cuando estamos conectados con nuestras pasiones, somos más capaces de enfrentar y superar desafíos. Las dificultades parecen menos abrumadoras cuando tenemos una razón poderosa para seguir adelante, y las pasiones nos proporcionan esa razón. Nos ayudan a ver el esfuerzo como una parte necesaria del crecimiento en lugar de un obstáculo, y nos animan a persistir incluso cuando las cosas no salen como esperábamos.

Las pasiones tienen un papel crucial en nuestra capacidad para enfrentar y superar desafíos en la vida. Cuando estamos conectados con algo que realmente nos importa, las dificultades se perciben como parte del proceso de crecimiento y no como obstáculos insuperables. Esta conexión emocional con nuestras pasiones nos da la determinación y energía necesarias para persistir, incluso cuando enfrentamos contratiempos o fracasos.

Si analizas el día a día de tu vida y tratas de situarte en algún momento difícil que hayas superado exitosamente, es muy probable que en determinado punto de esa circunstancia una o varias de tus pasiones te brindaron un punto de sujeción en el que te pudiste apoyar y que te ayudó a superar ese desafío.

La autora Angela Duckworth, en su libro *Grit: The Power of Passion and Perseverance*, sostiene que la combinación de pasión y perseverancia es esencial para alcanzar el éxito a largo plazo. Según Duckworth, las personas que tienen una pasión fuerte no solo disfrutan de lo que hacen, sino que también están dispuestas a esforzarse y superar las dificultades para alcanzar sus metas. Esto demuestra cómo nuestras pasiones no solo nos motivan a actuar, sino que también nos ayudan a desarrollar la **resiliencia** necesaria para sobrellevar los momentos difíciles.

***

Algunos tips para seguir nuestras pasiones y aumentar la felicidad

Para aprovechar al máximo el poder de nuestras pasiones y su relación con la felicidad, es importante implementar nuestra propia "metodología"; una que nos ayude a vivirlas plenamente. Te comparto parte de lo que yo he incorporado a mi día a día:

***

Integra tus pasiones en la rutina diaria

Una vez que hayas identificado lo que realmente te apasiona, busca formas de integrar esas actividades en tu vida diaria, incluso si solo es por poco tiempo cada día. Esto puede significar dedicarle 15 a 30 minutos diarios a tocar un instrumento, hacer ejercicio o trabajar en un proyecto personal que disfrutes.

***

Establece metas relacionadas con tus pasiones

Fija objetivos específicos y medibles en torno a tus pasiones. Por ejemplo, si has encontrado que te apasiona la escritura, podrías proponerte escribir un artículo semanal o trabajar en un libro. Tener metas claras no solo te mantiene motivado, sino que también te ayuda a medir tu progreso. Ve de poco a poco; primero, fija metas pequeñas para que, al alcanzarlas, sientas, además del disfrute de tu pasión, motivación y satisfacción. Si fijas metas muy ambiciosas, puedes desencantarte de tu pasión al tener frustración constante.

***

Rodéate de personas que compartan tus intereses

Busca cómplices de tus pasiones, como son organizaciones, clubes o grupos de personas que las compartan. Participar en actividades o discusiones con personas afines puede reforzar tu compromiso y proporcionar nuevas perspectivas e ideas. Una pasión, cuando realmente quienes la viven se sumergen en ella, puede ser contagiosa, y rodearte de personas apasionadas puede ayudarte a mantener el enfoque y la motivación.

***

Aprende a equilibrar tus pasiones con otras responsabilidades

Es importante que las pasiones no se conviertan en una fuente de estrés adicional. Aprende a equilibrar tu tiempo y energía, de manera que puedas disfrutar de tus pasiones sin descuidar otras áreas importantes de tu vida.

Adapta tus pasiones a lo largo del tiempo

Reconoce que tus intereses y circunstancias pueden cambiar con el tiempo. Está bien adaptar o explorar nuevas pasiones a medida que evolucionas. El hecho de ser autoconsciente implica ajustar tus acciones para mantener la satisfacción y el bienestar.

***

La relación entre pasiones y el self-awareness en la búsqueda de la felicidad

"Cuando haces lo que amas, el miedo desaparece. El autoconocimiento te lleva a descubrir lo que realmente deseas, y lo demás se vuelve secundario".

Elon Musk.

El *self-awareness* es fundamental para conectar nuestras pasiones con nuestra felicidad. Ser conscientes de lo que realmente nos motiva y nos satisface nos permite tomar decisiones informadas y vivir de acuerdo con nuestros valores. Las pasiones nos ayudan a vivir de manera más auténtica, porque alinean nuestras acciones con lo que realmente somos y queremos ser. Esta conexión genuina entre la identidad personal y nuestras actividades diarias nos acerca a una felicidad profunda y duradera.

Estudios[1] han mostrado que la felicidad no es simplemente un resultado de evitar el dolor o maximizar el placer, sino que también está profundamente relacionada con la autenticidad y la coherencia entre lo que valoramos y lo que hacemos. Cuando seguimos nuestras pasiones, estamos más alineados con nuestros valores personales, lo que nos proporciona un sentido más fuerte de propósito y satisfacción.

---

1 | **1. Investigación sobre autenticidad y bienestar**: Un estudio realizado por **Kernis y Goldman (2006)**, publicado en el *Journal of Counseling Psychology*, encontró que la autenticidad está positivamente relacionada con el bienestar psicológico. La autenticidad se define como la medida en que las personas son verdaderas consigo mismas y actúan de acuerdo con sus valores personales y creencias. Los autores encontraron que las personas que viven de manera auténtica reportan mayores niveles de bienestar y satisfacción en la vida, ya que la congruencia entre sus valores y sus acciones contribuye a una sensación más profunda de propósito.

2. La relación entre valores personales y bienestar: **Sheldon y Elliot (1999)**, en un estudio publicado en *Journal of Personality and Social Psychology*, propusieron la teoría de la autodeterminación, que sugiere que la alineación de las actividades diarias con los valores intrínsecos de una persona lleva a un mayor bienestar. Según su investigación, las personas que persiguen objetivos alineados con sus intereses y valores intrínsecos, en lugar de los valores impuestos por la sociedad, experimentan un mayor sentido de satisfacción y felicidad.

ARQUETIPOS

LOS ARQUETIPOS

La primera vez que me topé con el concepto de los arquetipos fue leyendo un libro —*Sincro Destino*, de Deepak Chopra—; en ese momento no entendí el significado y la profundidad que estos tienen, probablemente porque fue hace casi 20 años y no estaba listo para abrirme a esa clase de conocimiento. Espero poder explicar lo que son y la importancia que tienen para abandonar una vida "robótica" y lograr un mejor estado de *self-awareness*.

Los arquetipos son conceptos universales que aparecen en las mitologías, religiones, sueños y la literatura de todas las culturas. Fueron explorados ampliamente por el psicólogo Carl Jung, quien los describió como patrones innatos de pensamiento y comportamiento que emergen del inconsciente colectivo, una parte de la mente compartida por toda la humanidad. Estos patrones simbólicos representan formas fundamentales de la experiencia humana y se manifiestan en las historias y los mitos que se han transmitido a lo largo de los siglos. Los arquetipos no solo influyen en la narrativa de las culturas, sino también en cómo los individuos entienden su propio viaje personal y la estructura de su vida.

***

¿Qué es un arquetipo?

"Los arquetipos son los mapas invisibles que guían nuestro viaje interior, ayudándonos a entender las diferentes partes de nosotros mismos".

Carl Jung

Un arquetipo es un símbolo, imagen o patrón común que reside en el inconsciente colectivo y representa temas universales de la experiencia humana. Según Carl Jung, el inconsciente colectivo es una parte profunda de la mente que contiene recuerdos, instintos y elementos que son compartidos por todas las personas. A diferencia del inconsciente personal, que es único para cada individuo y almacena recuerdos y experiencias personales, el inconsciente colectivo contiene estos arquetipos que son compartidos y entendidos universalmente.

Deepak Chopra define los arquetipos como modelos universales que representan fuerzas fundamentales de la naturaleza y aspectos de la psique humana; son símbolos o patrones eternos que actúan como mapas internos para guiar nuestra vida, con el fin de ayudarnos a conectar con nuestras aspiraciones más profundas y a encontrar un sentido de propósito. Los ve como "historias" que todos compartimos en nuestra conciencia colectiva y que nos permiten experimentar diferentes aspectos de nosotros mismos y de la vida.

Los arquetipos no solo están presentes en el inconsciente colectivo, sino que tienen el poder de influir en nuestro comportamiento, nuestras emociones y nuestras decisiones. Al identificarnos con ciertos arquetipos, podemos desbloquear potenciales ocultos y acceder a diferentes niveles de conciencia que nos permiten trascender nuestras limitaciones y encontrar un mayor sentido de autorrealización.

En este punto fue donde, honestamente, no entendí nada hace ya muchos años; en mi intento de hacer esto más digerible, presento mi interpretación actual muy simplificada:

"Un arquetipo es como un modelo o prototipo que todos tenemos en la cabeza sobre ciertas figuras o roles. Son imágenes, ideas o patrones que la gente reconoce intuitivamente porque aparecen una y otra vez en historias, mitos y en la vida diaria, hasta en memes.

Básicamente, los arquetipos son una especie de personajes o roles universales que todos conocemos y que representan aspectos comunes de la experiencia humana, como la valentía, el amor, la sabiduría o el miedo. Son esas imágenes que aparecen en cuentos, películas y hasta en nuestra forma de ver a las personas y las situaciones cotidianas".

Identifícate con un arquetipo

Arquetipos dominantes en tu vida

Para poder identificarte con un arquetipo, primero debes entender por qué es importante identificar cuáles son los dominantes en tu vida y qué significado o relevancia tiene esto en ti.

Los arquetipos son herramientas poderosas para la transformación personal, ya que, al reconocer qué arquetipos están dominando en nuestras vidas, podemos cambiar nuestra percepción y crear una vida más alineada con nuestros valores y metas. Por ejemplo, al conectar con el arquetipo del "Sanador" o del "Guerrero", una persona puede descubrir fortalezas y habilidades que antes no había explorado o utilizado plenamente.

***

Tipos y significado de los principales arquetipos

"Los arquetipos nos ayudan a comprender nuestras luchas internas y a entender que cada fase de nuestra vida tiene un propósito más grande que descubrir".

Elizabeth Gilbert (autora de "Come, reza, ama")

El héroe: Representa el coraje y la superación de desafíos. Es el arquetipo del que busca cambiar el mundo o superar una gran prueba. Ejemplos clásicos incluyen figuras como Hércules y personajes como Harry Potter.

El sabio: Es el portador del conocimiento y la verdad. Está asociado con la búsqueda de sabiduría y la comprensión profunda. Los sabios se muestran a menudo como consejeros o maestros, como Yoda *(Star Wars)*, que guía a los Caballeros Jedi, y ofrecen sabiduría y enseñanzas para ayudarlos a alcanzar su máximo potencial.

El cuidador: Simboliza la compasión y la protección hacia los demás. Este arquetipo es el protector que cuida de los más vulnerables. Ejemplos son personajes como la Madre Teresa o Mary Poppins.

El amante: Encarnación del amor, la pasión y la conexión. Este arquetipo busca armonía en las relaciones y representa el deseo de intimidad y unión. Se puede ver en personajes como *Romeo (Romeo y Julieta) o Cleopatra*.

El gobernante: Asociado con el poder y el control. El gobernante desea liderar y crear un orden estable, pero también puede caer en la tiranía si su deseo de control se vuelve extremo. Ejemplos son el rey Arturo o Julio César.

El creador: Representa la innovación y el deseo de construir algo nuevo. Los creadores son visionarios que buscan expresarse a través de sus creaciones. Ejemplos incluyen artistas como Leonardo da Vinci o escritores como J.K. Rowling.

El bufón (Trickster): Este arquetipo se asocia con el humor, la irreverencia y el caos. Busca desafiar las normas establecidas y provocar cambios a través de la sorpresa y el ingenio. *Tyrion Lannister (Juego de Tronos)* aunque no es un bufón en el sentido tradicional, utiliza el ingenio, el sarcasmo y el humor para navegar en la política peligrosa y sobrevivir en un mundo hostil y *Deadpool (Marvel Comics)* es un ejemplo moderno del bufón, conocido por su humor irreverente y capacidad de romper todos los moldes establecidos. Utiliza el sarcasmo y el humor para enfrentarse a situaciones de vida o muerte.

La sombra: Representa los aspectos reprimidos o negativos de la personalidad. Es una fuerza oscura que puede ser destructiva, pero también ofrece la posibilidad de integrar y transformar esos aspectos oscuros. Este arquetipo confronta a las personas con sus miedos y deseos ocultos, pero también ofrece la oportunidad de integrar esos aspectos y lograr un crecimiento. *Gollum (El Señor de los Anillos)* es un personaje que muestra cómo la obsesión y la corrupción interna pueden destruir la identidad de una persona; es la encarnación de los deseos oscuros y la degradación moral.

El inocente: Simboliza la pureza, la esperanza y la confianza. El inocente es optimista, busca felicidad y libertad, a menudo vive en un mundo de ingenuidad y se desengaña frecuentemente por esto. El personaje de *Forrest Gump (Forrest Gump)* representa la inocencia y la bondad en su forma más pura pues vive la vida con simplicidad y optimismo, sin dejarse llevar por el cinismo o la malicia del mundo

El explorador: Representa el deseo de descubrir lo desconocido y de encontrar el propósito de la vida. Este arquetipo busca nuevas experiencias, aventura y novedad. *Indiana Jones* es un ejemplo claro.

El huérfano: Encarnación de la vulnerabilidad, sentimiento de abandono y la resiliencia. El huérfano ha perdido algo importante, pero busca pertenencia y apoyo; es muy bueno adaptándose a las dificultades de la vida. Un ejemplo moderno de la tradición del cine es *Harry Potter (Harry Potter)*, un niño que pierde a sus padres y enfrenta un mundo peligroso sin una familia; sin embargo, busca pertenecer y encontrar su lugar en el mundo mágico. También *Batman (DC Comics)*, un niño de familia acomodada llamado Bruce Wayne, quien después de perder a sus padres, crece, se fortalece y adopta la identidad de Batman; aunque lucha contra el crimen, su vida está marcada por la sensación de pérdida y la búsqueda de justicia para llenar el vacío de su infancia.

El rebelde: Simboliza la lucha contra el sistema o la autoridad. Este arquetipo busca romper con lo establecido y cambiar el *statu quo*. Un ejemplo es el personaje de Katniss Everdeen en *Los juegos del hambre*.

El mago: Simboliza la transformación y el poder de cambiar la realidad. El mago busca comprender los secretos del universo y utilizar ese conocimiento para influir en su entorno o en los demás. Como ejemplos *Gandalf, de El Señor de los Anillos, y Dumbledore, en la saga de Harry Potter*; ambos líderes, poderosos y mentores sabios.

El destructor: Está asociado con la destrucción necesaria para el cambio y el renacimiento. Aunque puede parecer un arquetipo negativo, el destructor elimina lo que ya no sirve para dar paso a algo nuevo. Un claro ejemplo es *Thanos (Marvel)*, que encarna este arquetipo en su misión de eliminar la mitad del universo para restaurar lo que él percibe como un equilibrio necesario.

El sanador: Encarnación de la capacidad de curar, ya sea física o espiritualmente. El sanador busca aliviar el sufrimiento y restaurar la salud y la paz interior. Ejemplos claros *Florence Nightingale*, fundadora de la Cruz Roja, y *Desmond Doss (Hasta el último hombre, película basada en hechos reales)*, quien fue un soldado estadounidense y objetor de conciencia que sirvió como médico durante la Segunda Guerra Mundial, conocido por salvar la vida de decenas de hombres sin portar armas.

La madre: Representa la nutrición, el cuidado y el amor incondicional. Es una figura protectora que busca dar apoyo y fomentar el crecimiento.

El niño divino: Simboliza la inocencia y el potencial no desarrollado. Está asociado con la esperanza y la promesa de un futuro mejor. Son ejemplo de este *El Niño Jesús, en la tradición cristiana*, y *Simba, en El Rey León*, quienes empiezan como un pequeños indefensos e inocentes; sin embargo, tienen el potencial de crecer y asumir su lugar como el rey legítimo.

***
Identifica a tus arquetipos

Las personas que navegan en piloto automático, que no están interesadas en el autoconocimiento, generalmente no han establecido contacto con ese ser místico que habita en su interior. Al comprender tu alineación de creencias y valores, al fomentar las relaciones que te dan contexto, amor y compasión, surge el camino a la satisfacción y plenitud.

Con estos relatos, seres y héroes interiores son los arquetipos con los que tienes que identificarte; por medio del contacto sincero con tus deseos, anhelos e imaginación, necesitas encontrar los arquetipos que están en tu misma sintonía.

Adoptar un arquetipo (o varios) no significa etiquetarse y no tiene que ver con limitaciones; es lo contrario: es tener un modelo de vida y saber hacia dónde debemos orientar nuestros esfuerzos para hacer brotar nuestra verdadera esencia.

Descubrir a nuestros arquetipos es una experiencia sumamente personal. Ninguna persona, por más que te conozca, te puede decir cuál es el tuyo, puesto que ese conocimiento solo está en tu ser interior.

Identificarnos con un arquetipo es una actividad juguetona, ya que, al ser figuras universales, tenemos un poco de todos; lo que debemos hacer es darnos cuenta cuáles tienen una mayor fuerza en nosotros.

El objetivo de esta sección es que busques de uno a tres que sean los más presentes en ti, cuya energía resuene contigo; no te dejes llevar por los arquetipos que quisieras representar, sino por los que resuenen en tu interior.

***

Encontrando los arquetipos con los que te identificas

El mecanismo sugerido por estudiosos de la conexión con los arquetipos[2] es realizar una o varias meditaciones para llegar a conocer los arquetipos con los que resonamos de manera natural. Esta práctica es una herramienta introspectiva diseñada para establecer una conexión con los aspectos inconscientes de la psique. La identificación de estos arquetipos permite a una persona conocerse a sí misma con mayor profundidad y vivir en sintonía con su propósito y potencial.

Paso 1: Preparación y relajación

La meditación comienza con un proceso de relajación profunda.

Es esencial que busques un lugar tranquilo donde puedas sentarte cómodamente, sin interrupciones. Cierra los ojos y lleva tu atención a la respiración; la respiración es un elemento clave, ya que actúa como un ancla, ayudándote a calmar la mente y a estar presente en el momento. Inhala y exhala lenta y profundamente varias veces, permitiendo que cada

---
2 | Como Deepak Chopra o Jean Houston, "A mythic Life".

respiración te lleve a un estado de calma y receptividad; tómate tu tiempo, para algunas personas ocurre muy rápido, para otras toma varios minutos; suelta cualquier tensión física y mental, y permite que tu mente se vuelva receptiva y abierta.

Paso 2: Invitación al arquetipo, visualización de momentos clave

Una vez que hayas alcanzado un estado de relajación, toca la "puerta de tu inconsciente" y camina a un espacio imaginario que te guste, que sea muy agradable y en el que te sientas muy seguro y lleno de potencial; para algunos, un bosque o una playa. Ahora empieza a visualizar momentos importantes de tu vida. Esto puede incluir eventos que dejaron una marca emocional profunda o experiencias recurrentes que han moldeado quién eres. La idea es traer a tu mente situaciones o experiencias significativas sin forzar ninguna imagen específica, dejando que los recuerdos fluyan naturalmente. Una vez que tengas claras estas imágenes, invita a que las figuras arquetípicas aparezcan y se identifiquen con la situación ocurrida en cada imagen; en una imagen puedes identificar al héroe, en otra a la madre o al mago. Explora tantos como quieras y recuerda cuáles son los que aparecen más frecuente e intensamente.

Paso 3: Encuentro con la figura arquetípica, observación de figuras y personajes

En estos recuerdos, observa si aparecen figuras, personajes o imágenes que destaquen; es muy importante que les permitas aparecer de manera natural, sin forzarlos y sin bloquearlos. Estas figuras representan posibles arquetipos que están activos en tu vida. Al observar estas imágenes, es importante identificar las cualidades o características que representan. Por ejemplo, podrías ver una figura que simboliza protección y sabiduría, lo que podría indicar la presencia del arquetipo del sabio o el protector en tu vida.

Paso 4: Conexión emocional y diálogo con el arquetipo

Con cada figura que aparezca, presta atención a los sentimientos y emociones que te evocan. La conexión emocional es clave para entender cómo estos arquetipos te afectan personalmente. Si una figura evoca sensaciones de paz y claridad, es posible que estés conectando con un arquetipo positivo que te guía en momentos de necesidad. Si, en cambio, provoca miedo o incomodidad, esto podría indicar un arquetipo que necesitas explorar más profundamente para integrarlo o transformarlo. Puedes hacer preguntas para entender qué representa esta figura en tu vida, o preguntar qué mensaje o lección tiene para ti en ese momento. Las respuestas pueden llegar en forma de palabras, emociones, imágenes o incluso en la forma de un "saber" sin palabras.

Paso 5: Reflexión inicial e integración de los arquetipos identificados

Después de finalizar el diálogo con el arquetipo, es recomendable que expreses gratitud hacia la figura y reconozcas el mensaje o la experiencia que compartió contigo. Permite que la figura se desvanezca o se retire, con lo que simboliza el cierre de esta conexión en el nivel consciente. Luego, vuelve a centrarte en la respiración para regresar lentamente a la realidad física. Este paso es crucial para que logres procesar e integrar lo mostrado durante la meditación.

Tras la meditación, reflexiona sobre los arquetipos que identificaste. ¿Qué papel desempeñan en tu vida? ¿Cómo influyen en tus decisiones y relaciones? La reflexión ayuda a profundizar en la relación que tienes con estos patrones y a entender de qué forma afectan tu desarrollo personal. Identificar los arquetipos con los que resuenas más te permitirá comprender las motivaciones y actitudes que dan forma a tus experiencias y te puede proporcionar claridad sobre el rumbo de tu vida.

Paso 6: Reflexión escrita o creativa y aceptación del arquetipo

Finalmente, inicia un proceso de reflexión y materialización posterior: escribe o dibuja lo experimentado. Plasmarlo físicamente es muy importante, ya que permite que los detalles del encuentro con el arquetipo queden plasmados en el nivel consciente, para facilitar la integración del mensaje en tu vida cotidiana y la aceptación del arquetipo. Al hacerlo, puedes trabajar en sintonía con las energías que influyen en ti y tomar decisiones más conscientes. Esta integración es esencial para utilizar el poder de tus arquetipos en favor de tus metas y crecimiento personal.

Lo que debes obtener de este ejercicio es una reflexión sobre lo que cada arquetipo puede simbolizar en tu vida actual, las cualidades que te gustaría incorporar de él y cómo podrías aplicar sus lecciones a tus desafíos actuales.

HERRAMIENTAS DE VIDA
¿QUÉ SON Y PARA QUÉ SIRVEN?

"Una buena herramienta mejora el trabajo; una gran herramienta mejora al trabajador".

Proverbio japonés

Una herramienta es un objeto, dispositivo o recurso utilizado para realizar una tarea o facilitar un proceso. Su propósito es ayudar a alcanzar un objetivo específico al mejorar la eficiencia, precisión o capacidad de la persona que la utiliza. Las herramientas pueden ser físicas, como un martillo o un destornillador, o abstractas, como métodos, técnicas o software diseñados para resolver problemas o simplificar actividades. En términos más amplios, una herramienta es cualquier medio que permite a alguien trabajar de manera más efectiva y cumplir con tareas que, de otro modo, serían más difíciles o imposibles de realizar.

Llevar a cabo cualquier actividad o trabajo requiere de herramientas para hacer las cosas de manera adecuada y más sencilla. Por supuesto que existen las herramientas de vida;

son instrumentos que, cuando los utilizamos correctamente, facilitan inmensamente llevar a cabo una tarea. Supongo que has vivido una circunstancia en la que te has dado cuenta cuánto facilita armar, abrir o reparar algo cuando tienes la herramienta adecuada, y qué laborioso es hacerlo cuando no la tienes.

A lo largo de los últimos años he venido adoptando algunas en forma de ideas, de frases cortas, que utilizo como herramientas para recordarme, para intentar mantenerme encarrilado, para accionar o reaccionar más adecuadamente o para procesar más fácilmente algún evento o persona. En ocasiones también son buenas para romper el hielo o mandar un sutil mensaje.

Adicionalmente a estas frases, considero una importantísima herramienta la ayuda externa: no sabemos todo ni podemos con todo. Pedir ayuda o recibirla de quien es valiosa es algo que nos puede cambiar la vida.

Espero que estas herramientas las disfrutes y te sirvan tanto como a mí.

Las leyes de Paco

Por algo tienes una boca y dos oídos

Esta puede ser una de las frases más trilladas de la historia. Ha sido utilizada en múltiples circunstancias, con infinidad de objetivos y tratando de adecuarla a intereses particulares. Entrar en el análisis de la misma puede ser un tema escabroso y polémico; por lo tanto, quiero plasmar mi interpretación y los posibles usos prácticos de la misma.

La frase "Escucha el doble de lo que hablas" tiene un significado profundo. Esta práctica implica cultivar la conciencia de uno mismo para moderar las respuestas impulsivas, desarrollar un mejor entendimiento de los demás y, en última instancia, mejorar nuestras habilidades de comunicación y crecimiento personal. A continuación, se exploran estas dimensiones y se presentan ejemplos de situaciones en las que escuchar más ha sido de gran utilidad.

1. Escuchar como una práctica de autoconciencia

En el contexto del *self-awareness* (autoconciencia), esta idea sugiere la importancia de que seamos conscientes de nuestras propias emociones, pensamientos y reacciones mientras interactuamos con los demás. Cuando escuchamos activamente, reducimos la tendencia a hablar sin pensar o a dejarnos llevar por nuestras emociones. La práctica de escuchar más permite a las personas volverse más conscientes de sus patrones de pensamiento, sus creencias y cómo estas afectan la manera en que responden a las situaciones.

Por ejemplo, cuando estamos en una discusión acalorada, si somos una persona consciente de sí misma, podemos optar por escuchar atentamente los argumentos de la otra persona en lugar de reaccionar impulsivamente. Al hacerlo, no solo reducimos la tensión, sino que también obtenemos una comprensión más completa de la situación. Escuchar nos da la oportunidad de observarnos a nosotros mismos en el proceso de comunicación y ajustar nuestras respuestas para que sean más objetivas y acertadas.

***

Herramienta para aprender a Saber Ser

Desde la perspectiva del aprendizaje, escuchar es una herramienta fundamental para la adquisición de conocimientos y la comprensión de nuevas perspectivas. Al escuchar más de lo que hablamos, estamos en una posición óptima para aprender de las experiencias y puntos de vista de los demás. Esto es clave no solo para el aprendizaje académico o profesional, sino también para el crecimiento emocional y social.

Por ejemplo, cuando estamos en el papel de aprendiz, al escuchar activamente en lugar de interrumpir constantemente o expresar nuestra propia opinión, tendremos una mejor comprensión del contenido. Al prestar atención a lo que se dice, es más probable que captemos detalles importantes y logremos profundizar en el tema. De manera similar, en situaciones cotidianas, cuando escuchamos a personas con experiencias de vida diferentes, podemos expandir nuestra perspectiva y, en consecuencia, desarrollar empatía.

***
Practica "Escuchar el doble de lo que hablas"

Practica la escucha activa: Esto implica que pongas atención a la otra persona sin distraerte ni pensar en lo que vas a decir después (ansioso por responder a lo que no se dice todavía). Debes esforzarte por mantener el contacto visual, asentir y hacer preguntas pertinentes para mantenerte en modo escucha y mostrar que estás realmente interesado en lo que te dicen.

Toma una pausa antes de responder: Date un momento para reflexionar sobre lo que se ha dicho antes de responder; esto te ayuda a garantizar que tu respuesta sea adecuada y considerada.

Evita interrumpir: Escucha con el objetivo de permitir que los demás terminen sus pensamientos antes de intervenir; permite que la idea se transmita completa. En la mayoría de las circunstancias, interrumpir no solo es una falta de respeto, sino que también reduce la calidad de la comunicación.

Toma notas mentales o físicas: Durante una conversación o presentación, es recomendable que tomes notas; esta acción física ayuda a concentrarte, a retener la información y evita la tentación de hablar sin reflexionar.

Te puedo decir que hay muchísimos beneficios al escuchar conscientemente a un interlocutor, además de los anteriormente mencionados; puedes entender y familiarizarte más fácilmente con el tema, trabajas en tu ansiedad por responder o encontrar una "solución" precipitada, hacer sentir más a gusto a la persona o grupo de personas con las que estás, puedes dar mejores respuestas o tener mejores intervenciones y todo esto, además, contribuye a incrementar tu carisma.

2. Si no la controlas, no la consumas

Si no la controlas, no la consumas

"¿Por qué ser correcto cuando puedes ser divertido? A veces, perder el control es lo que hace la vida interesante".

Will Ferrell

Esta regla es una de las que utilizo más a menudo y tiene una serie de aplicaciones prácticas muy extensas y divertidas.

Originalmente escuché esta frase entre amigos, y se utilizaba para burlarse de aquellos que habían bebido demasiado y empezaban a hacer o decir tonterías; sin embargo, su uso puede ser mucho más amplio y divertido. A continuación me explico.

Cuando me refiero a un uso más amplio, estoy enfocando su uso a detectar algunas manías, tics, vicios y costumbres que tenemos; estas características frecuentemente nos dominan, es decir, no las controlamos, consciente o inconscientemente, y mucho menos de manera adecuada. Como resultado, somos "víctimas frecuentes" de ellas.

Considero que es una frase divertida ya que en situaciones chuscas, propias o de terceros, podemos usarla para aliviar la tensión del momento o para "romper el hielo".

"A veces digo cosas sin sentido, pero al menos lo hago con confianza".

Jennfer Lawrence

3. No te quejes, solo los tontos lo hacen

No vale la pena quejarse

"*No te quejes, solo los tontos lo hacen*" subraya algo que considero una verdad profunda: la queja no solo es altamente improductiva, sino que actúa como un obstáculo para el crecimiento personal y el desarrollo emocional. Este enfoque está profundamente enraizado en diversas corrientes de pensamiento filosófico, psicológico y espiritual que subrayan la importancia de la aceptación y la responsabilidad personal para superar las adversidades. La queja, por el contrario, perpetúa una mentalidad de víctima que dificulta la posibilidad de avanzar o superar los retos.

***

La queja como mecanismo de resistencia

La queja es un mecanismo de defensa que surge cuando sentimos que estamos atrapados en situaciones que no podemos controlar o cambiar fácilmente. Sin embargo, en lugar de analizar nuestra situación y buscar una solución, al quejarnos reforzamos una mentalidad negativa que magnifica el problema y nos crea —muchas ocasiones de manera injustificada— una percepción de impotencia. La queja es una forma de malgastar nuestra energía en cosas que no podemos cambiar; no puedo estar más de acuerdo en este punto de vista; si analizamos, vemos muchas personas "cansadas" de solo quejarse. En lugar de quejarnos, deberíamos asumir la responsabilidad de nuestras vidas y trabajar en aquello que está bajo nuestro control.

El enfoque anterior se alinea con el concepto de resistencia al cambio en el campo del desarrollo personal. Según el psicólogo Nathaniel Branden, autor de *The Six Pillars of Self-Esteem*, la queja refleja una forma de resistir la realidad tal como es, lo que lleva a la frustración y el estancamiento, a la acumulación de la negatividad en nuestra vida diaria. Las personas que se quejan constantemente suelen estar atrapadas en una narrativa donde no ven soluciones, sino solo problemas. ¿Has visto que para algunas personas es una costumbre tener como primera reacción a una circunstancia o evento "poco común" quejarse inmediatamente? Este ciclo negativo no solo afecta nuestro estado emocional, sino que también interfiere con nuestra capacidad para actuar de manera efectiva.

***

Aceptación es el primer paso hacia la transformación

Una de las ideas clave en el *self-awareness* es la importancia de la aceptación. La aceptación no es resignación ni pasividad, sino la capacidad de que reconozcamos una situación tal como es, sin juzgarla negativamente. Al quejarnos, proyectamos una resistencia energética, mental y emocional a lo que realmente nos ocurre, una negación de la realidad presente. La verdadera libertad emocional comienza cuando aceptamos el presente tal como es, sin la interferencia del ego que insiste en cómo las cosas "deberían" ser.

En lugar de quejarnos, quiero transmitirte que debemos desarrollar la costumbre o habilidad de **aceptar** las circunstancias; esto nos permite verlas con claridad y, a partir de esa claridad, tomar acciones constructivas. Este enfoque de aceptación se traduce en un cambio de perspectiva: en lugar de centrarnos en lo que no podemos controlar, comenzamos a enfocarnos en lo que sí podemos hacer para mejorar nuestra situación o cambiar nuestra respuesta emocional hacia ella. Si lo llevamos a un tema de "nuestro ser", evitamos bajar nuestra vibración a niveles que nos bloqueen.

***

La queja como obstáculo para el *self-awareness*

La autoconciencia implica una comprensión profunda de nuestras emociones, pensamientos y patrones de comportamiento. Desde esta perspectiva, la queja es un obstáculo para el desarrollo de una verdadera autoconciencia, ya que nos distrae de observar nuestros propios procesos internos. En lugar de examinar nuestras emociones o pensamientos con honestidad, nos enfocamos en que el problema está fuera de nosotros, y responsabilizamos de nuestra incomodidad o infelicidad a las personas o circunstancias externas.

En la filosofía estoica, se afirma que la queja no solo es inútil, sino que es contraproducente. Según los estoicos, el sufrimiento surge no tanto de los eventos que nos suceden, sino de nuestra interpretación de esos eventos. De este modo, en lugar de quejarnos, deberíamos buscar maneras de transformar las dificultades en oportunidades para mejorar nuestra vida, y, en consecuencia, manetener un mejor estado emocional y energético.

***
Cómo la aceptación fomenta el crecimiento personal

Cuando dejamos de quejarnos y adoptamos una actitud de aceptación, abrimos la puerta a un mayor crecimiento personal. Aceptar las circunstancias no significa conformarse, sino tomar control sobre lo que podemos cambiar: nuestra actitud y nuestras acciones. La aceptación fomenta la resiliencia, que es la capacidad de enfrentar y superar las adversidades de manera efectiva. Las personas con una mentalidad de crecimiento no se enfocan en quejarse sobre los problemas, sino en encontrar formas de aprender de ellos y adaptarse. Estas personas ven las dificultades como desafíos que les permiten expandir sus habilidades y mejorar la comprensión de sí mismas.

Adoptar la aceptación y dejar de quejarnos también nos permite estar más presentes en nuestra vida diaria. La queja tiende a llevar nuestra atención hacia el pasado o hacia un futuro hipotético en el que las cosas son diferentes, mientras que la aceptación nos devuelve al momento presente, el único lugar donde podemos tomar decisiones y actuar. Como sostiene Mark Manson en *The Subtle Art of Not Giving a F*ck*, la aceptación de nuestras circunstancias, incluso cuando son difíciles, nos empodera para actuar de manera más efectiva y con mayor libertad.

***

Metodología para evitar la queja y fomentar la aceptación

Para dejar de quejarnos y adoptar una actitud de aceptación, es útil seguir algunos pasos prácticos:

Desarrollar autoconciencia: Cada vez que nos sintamos tentados a quejarnos, es importante detenernos y observar nuestros pensamientos y emociones. ¿Qué estamos evitando enfrentar? ¿Qué miedo o incomodidad subyace detrás de nuestra queja?

Practicar la gratitud: Un enfoque efectivo para reducir la queja es desarrollar una actitud de gratitud. En lugar de centrarnos en lo que no nos gusta, podemos entrenarnos para apreciar lo que tenemos y ver las oportunidades en medio de los desafíos.

Reformular las dificultades: Cambiar nuestra narrativa interna es clave. En lugar de ver los problemas como obstáculos insuperables, debemos verlos como oportunidades para crecer y aprender.

Actuar en lo que podemos controlar: Finalmente, en lugar de gastar energía en quejarnos, debemos enfocarnos en lo que está bajo nuestro control y tomar medidas concretas para mejorar nuestras circunstancias.

Mi visión es que quejarse es una trampa que solo alimenta una mentalidad negativa y nos impide avanzar, nos desgasta energética, física y mentalmente; además, no suma a la imagen de persona resiliente, capaz o inteligente.

Desde la perspectiva del **self-awareness**, dejar de quejarnos nos libera de la resistencia a la realidad, nos permite aceptar nuestras circunstancias y nos impulsa a actuar de manera más consciente y constructiva. La aceptación, lejos de ser resignación, es el primer paso hacia un mayor empoderamiento y crecimiento personal.

Para de quejarte, abandona esa cantaleta negativa, ese lloriqueo que solo drena tu energía

No te quejes

y

¡¡¡ACTÚA!!!

4. No pierdas el tiempo con el que no puede entenderte

Donde no hay oídos no entran las palabras

En cada momento de tu vida hay personas que están listas para entenderte y otras que no.

Cuando te topes con alguien así, NO piedras el tiempo y NO gastes tu energía en tratar de convencerlas de que deben escuchar abiertamente y tratar de entender lo que quieres decirles.

La autoconciencia implica un conocimiento profundo de nuestros valores, objetivos y limitaciones. Una persona autoconsciente es capaz de identificar sus necesidades emocionales, sus metas y el entorno más propicio para alcanzarlas. En este contexto, no perder el tiempo con quien no puede entenderte significa evitar gastar energía en relaciones que no contribuyen positivamente a tu vida o que no están alineadas con tus principios y objetivos.

La capacidad de discernir con quién invertimos nuestro tiempo está estrechamente ligada a nuestra **inteligencia emocional**; debemos tener la habilidad de reconocer cuándo nuestras interacciones no están siendo productivas. Mantener relaciones con personas que no comparten nuestras creencias, nuestros valores o que constantemente nos juzgan puede drenar nuestra energía y cambiarla a negativa, limitar nuestro potencial y frenar nuestro desarrollo.

Únicamente aquellos que comparten nuestro marco de referencia o que tienen una apertura muy desarrollada estarán dispuestos a entender lo que quieres transmitirles.

***
Productividad: Enfocar esfuerzos en lo que realmente importa

Desde el punto de vista de la productividad, invertir tiempo en personas que no pueden entendernos o apoyarnos puede ser un derroche de recursos valiosos. Las relaciones deben ser un espacio donde se pueda compartir, aprender y crecer mutuamente. Si nos rodeamos de personas que no comprenden nuestra visión o que critican nuestras decisiones sin ofrecer soluciones constructivas, podemos terminar desviando nuestra energía de las tareas y relaciones que realmente importan.

Debemos aprender a decir no a lo que no nos ayuda a avanzar hacia nuestras metas, incluyendo a aquellas personas que no están alineadas con nuestro propósito. En este sentido, "no perder el tiempo con el que no puede entenderte" implica un ejercicio de priorización, donde decidimos enfocar nuestra energía en aquello que nos acerca a nuestras aspiraciones.

***
Como desarrollo personal: Aprender a soltarlas

En el camino del desarrollo personal, aprender a soltar es un sinónimo de dejar ir relaciones que no son beneficiosas; esto es una parte crucial para crecer. Cuando invertimos tiempo y esfuerzo en personas que no nos entienden, caemos en un ciclo de frustración y resistencia que puede impedirnos avanzar. Soltar no significa ser egoísta o desinteresado, sino reconocer que algunas personas o situaciones simplemente no están alineadas con nuestro momento de vida actual.

***
Dónde aplicar esta idea

En el mundo laboral: Si una persona desea avanzar en su carrera en una empresa multinacional, buscará consejos de quienes ya han logrado ascender en ese entorno. Si decide escuchar a alguien que nunca ha trabajado en una corporación o que ha tenido una experiencia negativa en un contexto diferente, es probable que los consejos no se adapten a su situación y lo lleven a tomar decisiones equivocadas.

En el desarrollo físico o deportivo: Alguien que quiere mejorar su condición física escuchará a entrenadores o atletas experimentados que han logrado resultados comprobables. Tomar consejos de personas que no practican deporte o que no tienen conocimientos específicos sobre el entrenamiento adecuado puede resultar en falta de progreso o incluso en lesiones.

En el emprendimiento: Si un emprendedor quiere iniciar un negocio tecnológico, escuchar a personas con experiencia en ese campo (ya sea como fundadores, inversores o mentores) será crucial. Tomar en cuenta las opiniones de personas que no tienen experiencia en tecnología o que desconocen el mercado puede ser una distracción e incluso puede llevar a decisiones comerciales incorrectas.

5. Si no tienen lo que quieres, no escuches lo que te dicen

No lo han alcanzado, no creo que lo tengan

Esta ley en su idea completa se debe leer así:

"Si no tienen lo que quieres, no escuches lo que te dicen... porque poco saben de ese tema si aún no lo han conseguido"

***
Selección de influencias y fuentes de consejos

El desarrollo personal implica rodearse de personas que pueden proporcionarnos un conocimiento útil o inspirarnos de manera positiva. Al escuchar consejos de personas que no tienen lo que queremos o que no han alcanzado los objetivos que buscamos, existe el riesgo de recibir información sesgada o desinformada. Es esencial, por tanto, evaluar la credibilidad y la experiencia de quienes ofrecen consejos. Si la fuente no ha recorrido el mismo camino o no ha alcanzado el éxito en el área que nos interesa, sus palabras pueden carecer de la perspectiva práctica o del conocimiento profundo que necesitamos.

***
La importancia al elegir a quién escuchar

Dentro de la ruta al Saber Ser, esta "ley" también nos invita a practicar la autoconciencia. Ser conscientes de nuestros propios objetivos, valores y necesidades nos ayuda a discernir entre los consejos útiles y los que no son relevantes para nuestra situación. Una persona autoconsciente puede filtrar los comentarios o recomendaciones que no se alinean con sus objetivos, sabiendo que no todas las opiniones tienen el mismo valor. Este enfoque fomenta la capacidad de escuchar con intención, lo que implica prestar atención únicamente a las opiniones que realmente pueden añadir valor.

6. Comer en nuestro medio social es una costumbre, no una necesidad: espera a los que comen contigo

Inteligencia, civilidad y cortesía

***

Antecedentes de esta premisa

Iniciaré esta sección con una aclaración: Es cierto que existe un muy severo problema de hambre en el mundo. Existen centenares de millones de personas en el mundo con exposición recurrente al hambre y miles de millones de personas con problemas relacionados a la desnutrición; como referencia pongo los datos disponibles de UNICEF en 2023:

"En 2023, el número de personas que enfrentan hambre en el mundo se estimó entre **713 y 757 millones**, lo que representa aproximadamente **una de cada 11 personas a nivel global**. Esto incluye **152 millones más** de personas en comparación con 2019, debido a factores como la pandemia, conflictos y crisis económicas. A nivel regional, el hambre sigue siendo más grave en **África**, donde el **20.4%** de la población sufre de hambre, mientras que en **Asia** la cifra es del **8.1%** y en **América Latina** del **6.2%**.

En México, la situación de hambre es menos grave en comparación con otras regiones. El país tiene un nivel de hambre considerado bajo con un índice de **6.0** en el **Global Hunger Index** de 2023. Sin embargo, sigue habiendo retos importantes en cuanto a la **desnutrición**, especialmente en comunidades vulnerables.

En cuanto a la **desnutrición**, en 2023 se estima que más de **2.33 mil millones de personas** en el mundo enfrentaron inseguridad alimentaria moderada o severa, y más de **864 millones** experimentaron inseguridad alimentaria severa, lo que significa que han pasado un día completo sin comer en ocasiones".

Si nos movemos al escenario de la vida del lector promedio de esta publicación, entonces la premisa de esta sección aplica perfectamente: "este lector no está expuesto a escenarios de hambre o desnutrición crónica o severa", por lo que el asunto de comer a cierta hora predeterminada responde más a un estímulo generado por una costumbre que a sentir intensamente una necesidad vital.

Los estudiosos del tema señalan que, en personas con acceso regular a alimentos, esta sensación está más relacionada con los ritmos circadianos y la rutina alimentaria que con una verdadera necesidad física urgente.

El cuerpo de una persona bien alimentada está preparado para manejar retrasos en la ingesta de comida mediante el uso de reservas energéticas, como el glucógeno almacenado en el hígado. Sin embargo, la percepción de hambre puede intensificarse debido a factores psicológicos, como la anticipación de la comida o el hábito de comer a ciertas horas. En estos casos, el hambre es más una molestia temporal que un signo de desnutrición real.

Lo anterior refuerza la primera parte de esta "ley": "Comer en nuestro medio social es una costumbre, no una necesidad" y le da paso al importante mensaje de la segunda mitad: "espera a los que comen contigo"; de aquí se derivan elementos de vida que hacen que nos diferenciemos como personas con características de autocontrol, civilidad y empatía.

Esperar a los demás antes de empezar a comer tiene un profundo significado que va más allá del simple acto de etiqueta, buena educación o cortesía. Este comportamiento está relacionado con valores culturales como el respeto, la comunidad, la empatía y el compañerismo, que son fundamentales para mantener relaciones armoniosas y reforzar los lazos entre las personas.

Estas son algunas razones que he recolectado preguntándole a personas de varias generaciones respecto a la importancia de esperar a los demás antes de comenzar a comer.

***

Reflejo de respeto y consideración

Esperar a que todos estén sentados y servidos antes de empezar a comer es una señal de respeto hacia los demás comensales. Este gesto demuestra que valoras la presencia de los otros y reconoces su importancia dentro del grupo. Al esperar, estás indicando que no pones tus necesidades por encima de las de los demás, lo que fomenta un ambiente de igualdad y consideración mutua.

En muchas culturas, este acto de espera es una forma de mostrar deferencia hacia los anfitriones o las personas mayores, reconociendo su lugar en la jerarquía social o familiar.

***

Refuerzo de la comunidad y el sentido de pertenencia

El acto de compartir una comida tiene un significado social importante, y esperar antes de empezar a comer ayuda a reforzar el sentido de comunidad y pertenencia. Comer es una de las actividades más básicas y comunes de la vida humana, y hacerlo juntos fomenta la unión y la cohesión del grupo. Cuando todos esperan a comenzar juntos, se crea un ritual colectivo que subraya la importancia de la conexión social. Este gesto simboliza que la comida no es solo un acto individual, sino una experiencia compartida que fortalece los vínculos entre las personas.

En culturas donde la familia o los amigos juegan un papel central en la vida cotidiana, esperar para comer juntos puede ser visto como una reafirmación del compromiso con las relaciones. Compartir alimentos es, a menudo, un símbolo de confianza y reciprocidad, y el respeto por este ritual refuerza la solidaridad grupal.

***
Empatía y cortesía hacia los demás

Esperar antes de comer también es una muestra de empatía y consideración hacia los otros. Este gesto implica que eres consciente de la situación de los demás y que deseas que todos disfruten la comida al mismo tiempo, en un ambiente cómodo y equitativo. Si una persona se siente apurada o incómoda porque los demás han comenzado a comer antes de que ella esté lista, puede generar una sensación de exclusión o incomodidad. Al esperar a que todos estén preparados, se asegura que nadie se sienta ignorado o apartado.

En muchos casos, esperar también puede tener un fin práctico. Por ejemplo, puede ser necesario que el anfitrión termine de servir la comida o que alguien termine de resolver alguna tarea antes de unirse a la mesa. Al esperar, se está mostrando consideración por las circunstancias de los demás y se asegura que todos puedan disfrutar de la experiencia gastronómica al mismo tiempo.

***
Fomento de la gratitud y apreciación

El acto de esperar antes de comenzar a comer puede fomentar un momento de reflexión y gratitud. En muchas culturas y tradiciones religiosas, se utiliza este tiempo para dar gracias por los alimentos, ya sea de manera formal o interna. Esperar a los demás brinda la oportunidad de reconocer el esfuerzo que ha sido necesario para preparar la comida y la fortuna de poder compartirla en compañía de otros.

Este tipo de reflexión puede aumentar la apreciación por los alimentos y la ocasión social. Comer apresuradamente o sin esperar puede hacer que el acto se vuelva meramente funcional, mientras que el acto de esperar crea un espacio donde la comida se transforma en una experiencia más significativa y valiosa.

***
Mantenimiento de normas sociales y culturales

Cuando invoco el término de mantenimiento no es tan solo el refuerzo de la norma, también me refiero a la transmisión de la misma a las nuevas generaciones. El ensimismamiento generado por la excesiva atención dada por las generaciones emergentes a los dispositivos móviles está llevando a la extinción una gran cantidad de normas sociales que generan empatía y respeto y enseñan a valorar a otras personas.

En muchos entornos, esperar a los demás antes de comer es una norma social establecida que refuerza las costumbres y las tradiciones de una comunidad. Estas normas, aunque puedan parecer triviales, juegan un papel importante en la cohesión social. El seguimiento de estas reglas no solo facilita la convivencia, sino que también mantiene un sentido de continuidad cultural. En entornos familiares o laborales, adherirse a estas normas es una manera de mostrar respeto por las tradiciones y fortalecer la identidad grupal.

Cuando rompemos con estas normas, como empezar a comer antes de tiempo, puede ser percibido como una falta de respeto o una falta de autocontrol, lo que puede generar tensiones o malentendidos. En ambientes donde las costumbres gastronómicas son muy valoradas, este tipo de gestos de cortesía se ven como esenciales para la interacción social armoniosa.

***

Refuerzo de la experiencia compartida

Aunque este es el último punto que considero en este tema, no es el menos importante; el acto de esperar a los demás antes de empezar a comer refuerza la experiencia compartida. Comer en grupo no se trata solo de consumir alimentos, sino de disfrutar de la compañía, la conversación y el ambiente. Cuando esperamos a los demás, se asegura que todos participen del momento compartido desde el principio, creando una atmósfera de conexión y colectividad. Esta experiencia común es fundamental para construir relaciones más cercanas y duraderas, ya que el simple hecho de comer juntos fortalece los vínculos personales y sociales.

7. Nunca comas solo

La compañía tiene sus ventajas

Este es un concepto y norma de vida que adopté después de leer el libro *Never Eat Alone*, de Keith Ferrazzi, y es una norma cuyo significado es altamente engañoso.

Aunque el título puede parecer sugerir que trata simplemente sobre el acto de socializar durante las comidas, en realidad va mucho más allá, pues profundiza en los principios de la colaboración, el *networking* y la generosidad como base para alcanzar el éxito.

Comer acompañado (nunca comer solo) es una metáfora de varias ideas:

Lo más evidente es que al comer acompañado se facilita *crear conexiones genuinas* en las que se desarrollan herramientas muy valiosas para el *networking* como la amistad, la autenticidad y hasta la generosidad; cuando logramos que nuestra interacción con las personas reúna estos componentes, tenemos cimientos sólidos para construir con ellos relaciones duraderas y exitosas.

El segundo mensaje es que, derivado de un negocio, "todos los involucrados en él deben comer, no tan solo tú". La idea central es que el éxito no se logra de manera individual, sino mediante la colaboración y el apoyo mutuo.

***
Sácale provecho a la hora de la comida

Para sacar provecho de esta *"ley"*, fomenta algunas acciones relacionadas a la idea de comer acompañado:

Invita frecuentemente a comer. Si la reunión no requiere de mucha formalidad, de presentar intensamente información, invita a comer a tu interlocutor.

Sé proactivo. No esperes a que las oportunidades lleguen, sal a buscarlas.

Come gustoso y ponle atención a lo que cuentan tu acompañantes. Tu compañía se considera valiosa y divertida.

Haz que cada encuentro cuente. Cada interacción es una oportunidad para establecer una conexión valiosa; demuestra entusiasmo, haz sentir a gusto a los que están en tu mesa, aprovecha cada instante para aprender, para generar ideas y para captar oportunidades.

El poder del seguimiento. Mantener las relaciones vivas mediante un contacto regular y sincero.

Come con tiempo suficiente y sin mezquindad en la cuenta. Mostrar generosidad con el tiempo y con la cuenta;

esto da una buena impresión de ti y generalmente resulta en reciprocidad y la apertura de tus acompañantes.

Sé generoso con el tiempo y los recursos. Compartir sin esperar una devolución inmediata genera relaciones más profundas.

Todo lo anterior ayuda a entender el valor de cultivar la marca personal, la visibilidad y la credibilidad dentro del entorno profesional y personal, ya que la manera en que nos proyectamos y cómo nos ven los demás es fundamental para el éxito.

No comer solo tiene un valor mucho más profundo de lo que podría parecer a primera vista. En el ámbito social, psicológico, de mercadotecnia e imagen, esta práctica tiene implicaciones significativas que van más allá del simple acto de compartir una comida. A continuación, elaboro sobre estos aspectos y cómo influyen en la interacción humana y el desarrollo personal y profesional.

Valor social

El acto de compartir una comida ha sido históricamente una de las formas más fundamentales de socialización en las culturas de todo el mundo. A nivel social, cuando compartes una comida con alguien, especialmente en un entorno relajado, tienes la oportunidad de conocer a las personas más allá de su rol profesional o laboral. Este espacio social permite construir confianza y crear relaciones más profundas que trascienden las interacciones superficiales.

Además, las comidas compartidas ofrecen la oportunidad de intercambiar ideas, experiencias y perspectivas. Estar en la mesa con personas diversas también fomenta el **aprendizaje mutuo** y amplía tu red social, lo cual es clave en muchos aspectos de la vida personal y profesional.

Valor psicológico

Desde el punto de vista psicológico, *no comer solo* tiene un impacto positivo en el bienestar emocional. Las interacciones humanas, especialmente en un entorno informal como el de una comida, pueden ayudar a reducir el estrés y la ansiedad. La comida compartida crea un espacio de **apoyo emocional** donde nos sentimos más cómodos para expresarnos, lo que puede fortalecer nuestro sentido de pertenencia y reducir el sentimiento de aislamiento.

Estudios han mostrado que las personas que comen juntas tienden a ser más **felices** y experimentar mayores niveles de satisfacción, ya que se sienten más conectadas socialmente. Este acto de socialización puede mejorar la autoestima y fortalecer las relaciones, lo que resulta en una red de apoyo más robusta en momentos de necesidad.

Valor en mercadotecnia

Desde la perspectiva de la mercadotecnia, no comer solo puede ser una herramienta estratégica poderosa. En las reuniones de negocios, las comidas compartidas proporcionan un entorno más relajado y natural para negociar o cerrar tratos. Durante una comida, las personas tienden a bajar sus defensas y pueden ser más abiertas a discutir ideas o colaboraciones. Las marcas también han utilizado la comida como una forma de experiencia de marca, invitando a clientes, empleados o partes interesadas a eventos gastronómicos para crear un ambiente positivo y memorable asociado con su producto o servicio.

Por ejemplo, muchas empresas organizan almuerzos de trabajo, cenas de gala o eventos de *networking*, sabiendo que compartir una comida puede generar una conexión emocional más fuerte que una reunión formal en una oficina. Además, la comida se convierte en un catalizador para la comunicación, pues permite que las conversaciones fluyan más naturalmente, lo cual es esencial en la construcción de relaciones comerciales.

Valor en la imagen personal

Adicionalmente, **No comer solo** también puede mejorar nuestra imagen personal y profesional. En un contexto profesional, compartir una comida puede ser visto como una señal de accesibilidad y cercanía. Las personas que habitualmente invitan a otros a comer o buscan oportunidades para compartir una comida con colegas, clientes o colaboradores tienden a ser percibidas como líderes que valoran la relación humana, un rasgo esencial en los negocios.

El protocolo de la comida o cena puede ser una oportunidad perfecta para mostrar nuestras habilidades interpersonales, como la empatía, la comunicación efectiva y la capacidad de generar confianza. Las personas que dominan el arte de compartir una comida sin centrarse únicamente en lo transaccional, sino en crear una conexión genuina, suelen ser vistas como más carismáticas y auténticas. Esta autenticidad fortalece nuestra marca personal, un concepto cada vez más importante en la tendencia actual de las redes sociales y el *branding* personal.

Además, desde el punto de vista de la imagen pública, comer solo en ciertos entornos sociales puede enviar mensajes no deseados, como parecer aislado o poco dispuesto a conectar con los demás. Por otro lado, aquellos que se involucran activamente en compartir comidas en entornos profesionales muestran una disposición para colaborar, lo que genera una imagen de sociabilidad y trabajo en equipo.

En *El Saber Ser* es un componente vital compartir con los demás, puesto que enriquece la experiencia de nuestra vida. Tener un grupo de amigos, de familiares, de colegas y de personas afines a nuestros diferentes círculos forma nuestro "networking" personal, el *networking* en el que nos da mayor gusto compartir, intercambiar y expandir nuestra perspectiva e influencia en el entorno.

8. Los tres requisitos para casarse

Si los juntas, te casas

Esto es un tema netamente divertido, que curiosamente muchísimas personas han validado.

Lo trataré de poner de la manera más clara y propia posible.

Es importante ser respetuoso de todas las creencias y preferencias. En nuestro mundo existe intolerancia infinita que genera resentimientos y el anhelo por falsas libertades; las cuales únicamente crean profundas e innumerables divisiones y separaciones entre nosotros, los habitantes "inteligentes" de este planeta. Definitivamente, no quiero contribuir a generar más separaciones de las que ya hay en este mundo, por lo que trataré de ser divertido, claro y respetuoso de toda idea.

¿Qué quiero decir con que existen tres requisitos para casarse?... Bueno, no tan solo para casarse, sino para decidirnos a tener una pareja que nos gustaría que fuera para el resto de nuestra vida.

Le he preguntado a cientos, si no es que a miles, de personas si están de acuerdo en que realmente estos son requisitos básicos, y el 100% coincide en que, si cumples estos puntos, estás listo para casarte o hacer un compromiso de pareja:

Estar un poco enamorado.

Estar muy calenturiento.

Estar muy atarantado.

9. Solo los paladares mal entrenados se empalagan

Mejor entrena tu paladar

Me gusta mucho participar en degustaciones gastronómicas, catas de vino, café y destilados; además, soy un aguerrido entusiasta de probar nuevos sabores, texturas y combinaciones. Al participar en este tipo de experiencias y al observar a muchos tipos de comensales y degustadores, he llegado de manera totalmente empírica a acuñar la frase "Solo los paladares mal entrenados se empalagan"; misma que, investigando un poco, he encontrado que encapsula una verdad profunda que va más allá de mis impresiones y de la simple percepción sensorial del gusto. Esta afirmación sugiere que la capacidad para apreciar los sabores, incluso los más ricos y complejos, es algo que puede desarrollarse a través de la educación sensorial y la experiencia gastronómica.

Al igual que otras formas de apreciación estética que son altamente subjetivas, como la música, el gusto puede cultivarse y afinarse con el tiempo, lo que permite que una persona disfrute más plenamente, y con un rango más amplio, de los sabores y texturas de los alimentos sin caer en el empalago o la fatiga sensorial. Este apartado explorará, basado en evidencia científica y gastronómica, la relación entre el entrenamiento del paladar, la percepción del gusto y la tendencia a empalagar, argumentando que un paladar bien entrenado está mejor equipado para manejar sabores ricos de manera equilibrada.

***
El concepto de empalago

El **empalago** se refiere a la sensación de saciedad excesiva o disgusto que se produce después de consumir alimentos ricos en azúcares, grasas o sabores intensos. Esto ocurre cuando el cerebro recibe señales que indican una sobreestimulación sensorial, también conocida como saturación del paladar, lo que puede llevar a una experiencia desagradable. Fisiológicamente, el empalago está relacionado con la saturación de receptores gustativos y una sobrecarga de estímulos dulces o grasos. Sin embargo, no todas las personas experimentan el empalago de la misma manera, lo que sugiere que existen diferencias individuales en la percepción del gusto y la capacidad para procesar sabores intensos.

Curiosamente, mi observación empírica ha encontrado algunos respaldos, como el de un estudio publicado en **Physiology & Behavior**. En este se observó que la exposición repetida a ciertos sabores puede modificar la respuesta sensorial de las personas. Aquellos que están menos acostumbrados a consumir alimentos con sabores intensos y complejos tienden a empalagar más rápido, mientras que quienes están habituados a estos sabores pueden manejar la riqueza sensorial del gusto sin sentirse abrumados (empalagados). Esto apunta a la idea de que el empalago no es simplemente una respuesta fisiológica universal, sino que también está influenciado por la experiencia, la apertura, la educación y la adaptación sensorial.

***

Entrenamiento del paladar

El **entrenamiento del paladar** implica una exposición deliberada y progresiva a una variedad de sabores y texturas, lo que permite al cerebro y los receptores gustativos desarrollar una mayor sensibilidad y tolerancia a la riqueza sensorial. Un paladar bien entrenado es capaz de distinguir entre matices sutiles y equilibrar sabores intensos sin sentirse abrumado. En el caso de los alimentos dulces o grasos, por ejemplo, una persona con un paladar entrenado podría apreciar la complejidad de un postre bien equilibrado, donde el dulzor está matizado por la acidez o la textura.

La neurociencia del gusto apoya esta idea. Investigaciones en el campo han demostrado que el gusto no es una experiencia estática; más bien, es altamente adaptable y puede modificarse con el tiempo. Un estudio de la **Universidad de Yale**[3] mostró que los receptores gustativos y las neuronas del cerebro pueden adaptarse a la exposición repetida a sabores ricos, lo que significa que, con el tiempo, las personas pueden aprender a disfrutar sabores complejos sin sentirse empalagadas. Esto se debe a que el cerebro desarrolla una

---

3 | Uno de los estudios clave de la Universidad de Yale en relación con la neurociencia del gusto fue realizado por el John B. Pierce Laboratory, dirigido por Dana M. Small y su equipo. Este estudio se enfocó en cómo el cerebro procesa el gusto y el "flavor" o sabor completo, y cómo esta percepción afecta nuestras decisiones alimenticias y el comportamiento relacionado con la comida.

El equipo de Yale descubrió que varias áreas del cerebro, como la amígdala y la corteza orbitofrontal, tienen roles importantes en cómo percibimos los sabores y cómo estos influyen en nuestra motivación para seguir comiendo o dejar de hacerlo. La amígdala está involucrada en la intensidad del sabor y las respuestas emocionales asociadas con la comida, mientras que la corteza orbitofrontal determina cuánto nos gusta o nos disgusta un alimento, lo que afecta si continuamos comiendo o nos detenemos.

tolerancia a la sobreestimulación sensorial, que permite a los comensales disfrutar de alimentos intensos sin experimentar fatiga gustativa.

***

La influencia cultural y la gastronomía

El empalago también está relacionado con las diferencias culturales en la dieta y la gastronomía. En muchas culturas, las personas están expuestas desde una edad temprana a alimentos con sabores intensos, ricos y complejos, lo que les permite desarrollar una mayor tolerancia a la riqueza sensorial. En países como Francia o Italia, por ejemplo, el consumo de postres ricos en crema y azúcar, como la tarta de chocolate o el tiramisú, es parte integral de la cultura culinaria. A través de la exposición regular a estos alimentos, las personas en estas culturas aprenden a apreciar la riqueza de los sabores sin sentir el empalago.

En contraste, las personas que no están acostumbradas a este tipo de alimentos pueden encontrar estos sabores abrumadores o empalagosos. Esto refuerza la idea de que el

---

Este estudio tiene una clara conexión con el fenómeno del empalago. El empalago ocurre cuando el cerebro interpreta que un sabor es demasiado intenso o excesivo, y activa respuestas que nos hacen sentir desagrado o saciedad, como una forma de regular el consumo de alimentos que pueden ser muy ricos en azúcar o grasa. En el estudio de Yale, se muestra que la corteza orbitofrontal detecta cuando un alimento inicialmente placentero se convierte en algo menos agradable al consumirlo en exceso, lo que podría explicar por qué sentimos empalago ante ciertos sabores intensos.

En resumen, la investigación de Yale ayuda a explicar cómo el cerebro procesa la percepción del sabor y cómo regula el empalago al reducir la motivación de seguir consumiendo alimentos ricos cuando la experiencia se vuelve menos placentera.

empalago es, en parte, el resultado de un **paladar no entrenado**. Los comensales que no han tenido la oportunidad de experimentar una variedad de sabores y texturas a lo largo de su vida tienen menos capacidad para manejar la riqueza sensorial sin sentirse sobrecargados.

Además, muchos chefs y expertos en gastronomía han señalado que la **educación del paladar** es un aspecto fundamental en la alta cocina. La exposición a una diversidad de ingredientes, técnicas de cocina y maridajes de sabores permite a las personas no solo tolerar, sino también disfrutar de combinaciones de sabores que podrían parecer abrumadoras a un paladar no entrenado. En la cocina de grado Michelin, por ejemplo, se suelen utilizar sabores ricos en combinación con elementos ácidos o amargos para equilibrar la experiencia sensorial y evitar el empalago, lo cual demuestra que la apreciación de la riqueza en los alimentos es una habilidad que se puede desarrollar.

***

El papel del equilibrio en la gastronomía

El equilibrio es un concepto clave en la alta cocina y en la percepción del gusto. Un paladar bien entrenado no solo es capaz de manejar sabores intensos, sino que también es capaz de identificar y disfrutar la armonía entre los sabores. En muchos postres o platos ricos, los chefs expertos utilizan elementos ácidos, amargos o salados para equilibrar el dulzor o la grasa, lo que evita la saturación sensorial y el empalago. Este principio de equilibrio es clave para evitar la fatiga gustativa, y es algo que los comensales aprenden a apreciar con el tiempo.

Cuando una persona ha entrenado su paladar para reconocer estos matices, es menos probable que se empalague, porque el cerebro es capaz de identificar una variedad de estímulos gustativos que compensan la riqueza del sabor. Por el contrario, un paladar no entrenado puede percibir solo la intensidad de un sabor dominante, como el azúcar o la grasa, lo que lleva rápidamente al empalago.

***

¿Como se relaciona esto con los conceptos de este libro?

Es muy sencillo. Muy probablemente el empalagarse tiene que ver con varios temas expuestos, como son el miedo a experimentar y salir de nuestra zona de confort; con nuestros miedos, con ideas relacionadas con el pasado, como "las costumbres de la familia"; y muchas otras cosas más.

Existe la pequeña posibilidad de que, efectivamente, sí te empalagues por cuestiones fisiológicas, pero es poco probable. Si quieres expandir el rango dinámico de tu paladar, trabaja psicológicamente en estar abierto a nuevos ingredientes y platillos, y al mismo tiempo experimenta en una mayor cantidad de sabores e intensidad de los mismos.

En pocas palabras: ábrete, ponte a probar y no rechaces la oportunidad de conocer algo nuevo, de experimentar sabores, texturas y sus combinaciones.

10. No eres especial

Te crees especial

¿Y por qué deberías serlo?

Existe la creencia común en la cultura moderna, sobre todo en las generaciones *Millennial*, "Z" y similares, de que todos somos únicos y merecemos cosas extraordinarias. Esta mentalidad de *"por el simple hecho de haber nacido soy excepcional"* lleva a muchas personas a sentirse desmotivadas o a experimentar un vacío existencial cuando no alcanzan sus expectativas poco realistas.

El hecho es que, para la mayoría de las personas, la vida es ordinaria.

***

Fomentas una visión egocéntrica

Pensar que eres especial puede alimentar una actitud egocéntrica, en la que te enfocas más en tus diferencias que en tus puntos en común con los demás. Esto te hace menos abierto a la crítica y menos dispuesto a reflexionar sobre tus debilidades; si piensas que tus cualidades son excepcionales e inmutables, tenderás a evitar desafíos y limitarás tu aprendizaje, ya que estarás más enfocado en demostrar tu valor que en desarrollar tu potencial.

***

No aumentes la resistencia a la autocrítica

Creer que somos especiales puede impedirnos aceptar los errores como parte del proceso de aprendizaje. La autoconciencia requiere enfrentar nuestras fallas sin sentirnos amenazados, algo difícil de hacer si pensamos que nuestra singularidad nos coloca "por encima" de los demás. El autoengaño y la falta de autocrítica suelen surgir de una sobrevaloración de nuestro propio valor. Evita esto, date la oportunidad de vivir la experiencia del crecimiento personal.

***

Disminuyes la empatía y la conexión con otros

En el momento que te percibes como especial, puedes desarrollar una barrera emocional que te distancia de los demás. La empatía, un componente clave de la autoconciencia, se ve comprometida, ya que estás menos dispuesto a ver las experiencias y sentimientos de otras personas como válidos o comparables a los tuyos.

***

Hacerte vulnerable a la frustración y la decepción

La expectativa de ser especiales puede conducirte a frustraciones cuando la realidad no cumple con estas expectativas. La importancia de aceptar tu "común humanidad" como una vía para conectar y aprender de la experiencia compartida. Ver tus experiencias como universales y no "únicas" te facilitará desarrollar una autoconciencia equilibrada y realista.

Aceptar que eres un individuo único, mas no "especial", puede liberarte de la presión de dicha convicción y comenzarás a encontrar satisfacción en los logros cotidianos y en las experiencias simples.

***
Crece al entender que no eres especial

"Lo único que hace a alguien especial es la voluntad de mejorar y seguir aprendiendo. Nadie comienza siendo el mejor, pero todos pueden llegar a serlo".

Barack Obama.

Aceptar que no eres especial en el sentido de que no eres intrínsecamente diferente o superior a los demás es un paso crucial en el camino del autoconocimiento. Cuando nos liberamos de la idea de que debemos ser únicos o extraordinarios para tener éxito, dejamos de lado las limitaciones autoimpuestas. Crecer sin fronteras implica abrazar nuestra humanidad común, sin crearnos expectativas irreales o compararnos constantemente con los demás. El autoconocimiento florece cuando entendemos que todos tenemos fortalezas y debilidades, y que el verdadero desarrollo personal no se basa en una singularidad excepcional, sino en el proceso continuo de mejorar, aprender de los errores y adaptarnos. Este reconocimiento nos permite ver el mundo y a nosotros mismos con más humildad y flexibilidad, aceptando que el cambio constante es parte de nuestra naturaleza. Al no vernos como "especiales", nos liberamos de la presión de la perfección y nos damos permiso para explorar nuevas posibilidades sin miedo al fracaso. En lugar de buscar validación externa o compararnos con otros, podemos enfocarnos en crecer, evolucionar y encontrar nuestro propósito, sabiendo que el desarrollo personal es una habilidad accesible para todos, no una cualidad que se asigna a unos pocos elegidos. Esta visión permite un avance libre de limitaciones, donde el potencial se expande continuamente.

Atención plena o mindfullness

El *Saber Ser* es estar aquí y ahora

"El milagro no es volar, sino caminar sobre las hojas en el momento presente y apreciar la belleza y la paz que están disponibles ahora".

¿Qué es la atención plena o mindfulness y por qué está tan en boga?

El *mindfulness*, o atención plena, es una práctica que consiste en prestar atención deliberada y consciente al momento presente, enfocándose en las experiencias internas y externas sin juzgarlas ni tratar de cambiarlas. Se trata de observar los pensamientos, emociones, sensaciones corporales y el entorno tal como son, aceptándolos con apertura y curiosidad.

Principios fundamentales del *mindfulness*:

Atención al momento presente: Centrarse en lo que está ocurriendo aquí y ahora, en lugar de preocuparse por el pasado o anticipar el futuro.

Aceptación sin juicio: Reconocer y aceptar las experiencias sin clasificarlas como buenas o malas, agradables o desagradables.

Conciencia plena: Mantener una observación constante y consciente de las propias experiencias internas y externas.

Compasión y amabilidad hacia uno mismo: Tratarse con gentileza y comprensión, especialmente al enfrentar dificultades o emociones desafiantes.

Origen

El *mindfulness* tiene sus raíces en prácticas contemplativas orientales, especialmente en el budismo, pero ha sido adaptado y vuelto de uso popular en Occidente para su aplicación en desarrollo personal, psicología y medicina.

Lo que te ofrece el mindfulness:

Reducción del estrés y la ansiedad: Ayuda a manejar el estrés al promover una respuesta más calmada y equilibrada ante situaciones desafiantes.

Mejora de la concentración y la atención: Fortalece la capacidad de enfocarse y mantener la atención en tareas específicas.

Regulación emocional: Facilita la comprensión y gestión de las propias emociones, reduciendo la reactividad emocional.

Bienestar general: Promueve una mayor satisfacción con la vida y una sensación de paz y equilibrio internos.

Mejora de la salud física: Se ha asociado con beneficios como la reducción de la presión arterial y el fortalecimiento del sistema inmunológico

Meditación

Contacto con tu Ser Interno

"Meditar es escuchar lo que es silencioso"

"Meditar es la pausa en la tormenta que nos deja disfrutar la música en el viento"

Al *Ser Interno* se le conoce de muchas maneras. Deepak Chopra lo nombra el "Yo no circunscrito"; otros lo nombran "Yo Soy" o el "Yo Superior", o en la física la "Conciencia cuántica"; pero más allá de preocuparnos por cómo nombrarlo, considero que es más importante que lo identifiques. El Ser Interno no es el que siente: es el que observa lo que sientes; no es el que tiene pensamientos inquietantes, es el que observa qué pensamientos inquietantes tienes. Es la expresión que está en ti de lo eterno e infinito, es el flujo que te conecta con el conocimiento del universo.

Normalmente, el torbellino de pensamientos que produce tu muy activa e inquieta mente hace que saltes de un pensamiento a otro, de una emoción a otra, y por ello te pierdes en un círculo infinito de distractores que hacen muy difícil que puedas avanzar en muchos factores de tu desarrollo personal.

"En el silencio de la mente se revelan las melodías del alma".

La meditación tiene como propósito que logres hacer, por un momento, un túnel tranquilo en este torbellino para que puedas dar una ojeada hacia tu Ser Interno; y cada ocasión que logras dar una de esas ojeadas, podrás ampliar un poco tu entendimiento. Así, conforme tu entendimiento vaya creciendo, lograrás expandir tu conciencia.

Como nos pasa a la mayoría, encontrarás muy difícil controlar tus pensamientos para crear ese túnel tranquilo, libre de esa ráfaga de pensamientos; al principio te sentirás frustrado y querrás abandonar tus esfuerzos por meditar. Parte del secreto es que en lugar de tratar de eliminar y controlar los pensamientos que no deseas que aparezcan, te enfoques a solo observarlos, no hacerlos parte de la experiencia; en pocas palabras, ¡¡no los vivas!!: obsérvalos, reconócelos, toma distancia de ellos y déjalos pasar.

Para lograr avances en la meditación es importante que estudies alguna técnica. Te recomiendo que estudies más de una y hagas tu "técnica a la medida". No te voy a dejar abandonado en este tema. Te daré algunos puntos básicos de técnicas para meditar, con la esperanza de que sean el inicio de una actividad que forme parte de tu rutina diaria.

"Como una vela que disipa la oscuridad, la meditación ilumina el corazón y despierta la sabiduría interior".

***
Técnicas de meditación

La meditación requiere práctica, constancia y disciplina. No se logra tener meditaciones satisfactorias al primer intento, y aunque tengas mucha experiencia meditando, hay días en que no lograrás hacerlo como te gusta… ¡¡Todos tenemos días en los que derramamos el café!!

Técnica básica de meditación:

- Busca un lugar tranquilo, con poco ruido de preferencia y en el que sientas seguridad y estés confortable.
- Adopta una posición cómoda donde puedas estar a gusto de 15 a 30 minutos; no tan cómoda que te duermas si te relajas.
- Cierra los ojos y relaja tus párpados.
- Ahora enfoca tu atención en tu respiración; toma consciencia de los detalles de la misma: cómo entra o sale el aire, la frecuencia, la profundidad y ritmo con el que respiras, dónde y cómo la percibes. No fuerces nada, solo observa y pon atención.
- Relaja el resto de tu cuerpo, poco a poco, sin apresurarte.
- Si algún sentimiento, pensamiento o ruido te distrae, no trates de desaparecerlo, solo obsérvalo, reconócelo y vuelve a poner atención total en tu respiración para que tu *conciencia del momento* reaparezca.

- Manténtelas en este estado cuando menos 15 minutos.
- Al terminar de meditar, sigue siempre una rutina de salida; no termines de golpe.
- Agradece que has terminado la meditación.
- Regresa a una respiración tranquila.
- Declara internamente: "A la cuenta de 3 volveré a mi cuerpo físico".
- Haz la cuenta regresiva.
- Toma conciencia de tu cuerpo.
- Abre tus ojos lentamente.
- Aprecia tu estado actual, lleno de claridad y energía.
- Toma un cuaderno o tu celular y anota todo lo relevante: imágenes, emociones, dudas, dificultades, revelaciones, presencia de arquetipos, etc.

Limítate en tus primeras meditaciones a hacer exclusivamente esto por 15-20 minutos. Suena más fácil de lo que es; inténtalo hoy mismo y verás. Pon atención a las veces de momentos de silencio que tuviste en esa meditación. Las primeras pueden ser que resulten en ninguno; cuando logres tener varios instantes pasa al siguiente nivel.

Técnica de meditación con observación:

- Busca un lugar tranquilo, con poco ruido de preferencia y en el que sientas seguridad y estés confortable.
- Adopta una posición cómoda donde puedas estar a gusto de 15 a 30 minutos; no tan cómoda que te duermas si te relajas.

- Cierra los ojos y relaja tus párpados.
- Ahora enfoca tu atención en tu respiración; toma consciencia de los detalles de la misma: cómo entra o sale el aire, la frecuencia, la profundidad y ritmo con el que respiras, dónde y cómo la percibes. No fuerces nada, solo observa y pon atención.
- Relaja el resto de tu cuerpo, poco a poco, sin apresurarte.
- Si hay algún sentimiento o pensamiento, no trates de desaparecerlo, solo obsérvalo.
- Sin vivir ese pensamiento o sentimiento, reconoce su origen, su validez y su destino.
- Guárdalo en tu mente para registrarlo en tu diario.
- Déjalo pasar.
- Vuelve a poner atención total en tu respiración para que tu conciencia del momento reaparezca.
- Mantén en este estado 15 minutos.
- Sigue la rutina de salida de la meditación.

Técnica de meditación con intención:

- Busca un lugar tranquilo, con poco ruido de preferencia y en el que sientas seguridad y estés confortable.
- Adopta una posición cómoda donde puedas estar a gusto de 15 a 30 minutos; no tan cómoda que te duermas si te relajas.
- Cierra los ojos y relaja tus párpados.
- Fija una intención en la meditación, declara nítida y contundentemente lo que quieres entender, lograr o trabajar.

- Ahora enfoca tu atención en tu respiración; toma consciencia de los detalles de la misma: cómo entra o sale el aire, la frecuencia, la profundidad y ritmo con el que respiras, dónde y cómo la percibes. No fuerces nada, solo observa y pon atención.
- Relaja el resto de tu cuerpo, poco a poco, sin apresurarte.
- Si algún sentimiento, pensamiento o ruido te distrae, no trates de desaparecerlo, solo obsérvalo, reconócelo y vuelve a poner atención total en tu respiración para que tu *conciencia del momento* reaparezca.
- En el momento que sientas adecuado, lleva tu conciencia a un estado de atención plena: pon atención en lo que define este momento, tus sensaciones físicas, emociones, lugar y tiempo.
- Pasa a visualizar tu intención: primero como una semilla de luz blanca que sale de tu corazón, crece y se convierte en una hermosa planta que irradia energía positiva, y esa energía, como un proyector de cine, forma las imágenes de tu intención en un desarrollo positivo que te da las respuestas o resultados que deseas obtener. Ve estos resultados como algo concretado, no como un deseo o como un sueño; velos como algo que ya sucedió. Si te desvías y te invaden pensamientos o sentimientos negativos, retorna a tu conciencia poniendo atención en tus sensaciones físicas y tu respiración. Vuelve a sembrar una nueva semilla en tu corazón y recorre nuevamente el camino.

- Tómate tu tiempo. Disfruta el resultado de igual manera que disfrutas cualquier otro resultado positivo en tu vida: saboréalo, mantenlo presente y repite un par de veces esa visualización.
- Para mantener la visión positiva cada vez que inhales, hazlo con la certeza que absorbes energía positiva.
- Sigue la rutina de salida de la meditación.

Es importante que no te esfuerces de más, no trates de avanzar más rápido de lo que tu mente te dicta. La meditación debe ser un proceso relajado y natural, no uno impuesto y forzado.

El que tomes notas y reflexiones al respecto de lo que viste, sentiste, entendiste o recibiste hará que aproveches mejor tus ejercicios meditativos; no dejes de hacerlo. Analiza cada cierto tiempo tus notas, encuentra tendencias en pensamientos o sentimientos repetitivos y trabájalos en futuras meditaciones. No te centres en un solo tema; evita las fijaciones u obsesiones y disfruta del proceso de aprender a disfrutar tus momentos de meditación.

La ayuda externa

La ayuda externa es parte del Saber Ser

Al avanzar en el camino del autoconocimiento, conforme entendemos y trabajamos con nuestro ego, alcanzaremos un punto en el que la ayuda externa es vista como una herramienta valiosa que puede guiarnos, aportarnos perspectivas diferentes y facilitarnos el proceso de reflexión. Sin embargo, también debemos considerar que el momento y la manera en que pedimos y recibimos esta ayuda puede ser muy importante para nuestro crecimiento y desarrollo personal.

***

¿Cuándo debemos pedir ayuda externa?

La ayuda externa es útil cuando, a pesar de nuestros esfuerzos, sentimos que hemos alcanzado un límite en nuestro propio conocimiento o cuando estamos atrapados en patrones que no podemos romper solos. Es común buscar ayuda cuando estamos lidiando con emociones o situaciones complejas, como conflictos internos, dudas profundas, cambios importantes o momentos de crisis emocional, que son difíciles de resolver únicamente con introspección.

Además, la ayuda es valiosa cuando estamos dispuestos a aprender y a recibir retroalimentación honesta. Pedir ayuda en estos momentos no es señal de debilidad, sino de autoconciencia y humildad, ya que demuestra que reconocemos nuestras limitaciones y estamos abiertos a mejorar.

***

¿A quién debemos solicitar ayuda?

La elección de la persona o profesional a quien solicitamos ayuda es clave. Dependiendo de la situación, podríamos considerar:

Mentores o personas de confianza: Amigos, familiares o mentores que nos conocen bien y nos pueden ofrecer consejos empáticos y sinceros, sin juzgarnos.

Profesionales de la salud mental o del desarrollo personal: Psicólogos, *coaches* o terapeutas son opciones ideales cuando necesitamos una guía imparcial y profesional. Estos expertos están capacitados para ayudarnos a explorar y comprender áreas complejas de nuestra vida sin imponer sus juicios personales.

Grupos de apoyo o comunidades de autoconocimiento: En muchos casos, compartir experiencias y recibir ayuda de personas que están en un proceso similar puede ser muy enriquecedor. Estos grupos proporcionan una red de apoyo y comprenden los desafíos de la búsqueda de autoconocimiento.

Al elegir a quién acudir, es fundamental considerar que esta persona debe respetar nuestro proceso, ofrecer una perspectiva constructiva y no imponernos sus propias creencias o expectativas.

***

¿Qué hacer cuando la ayuda llega sin ser solicitada?

Cuando la ayuda externa nos llega sin haberla solicitado, no la debemos rechazar o aceptar de inmediato. Es recomendable que primero hagamos un ejercicio de *self-awareness* para evaluar si la ayuda es verdaderamente constructiva. En ese momento vale la pena que te hagas algunas preguntas:

¿Viene de alguien que comprende o respeta mi proceso?

¿La persona que la ofrece tiene conocimiento o experiencia suficiente en el tema específico para darla?

¿Esta ayuda aporta una perspectiva valiosa?

¿Recibirla me hará sentir alguna clase de compromiso o presión?

Si la ayuda no solicitada te resulta útil, puedes agradecer y aceptar los comentarios de manera abierta. Sin embargo, si sientes que esa ayuda interfiere o te desvía, debes agradecerla y declinarla respetuosamente. Una manera atenta para declinarla puede ser *"Aprecio tu ofrecimiento; sin embargo, en este momento prefiero seguir trabajando en esto con mi idea original"*; es una forma de reconocer la buena intención de los demás sin aceptar interferencias que no contribuyen a nuestro crecimiento.

***
Aceptar ayuda no demerita el proceso

Frecuentemente las personas rechazan ayuda externa que puede ser muy valiosa porque piensan que al aceptarla pierden el mérito de completar el proceso de lo que están intentando solucionar. Esto, en la mayor parte de las ocasiones, es un truco del ego para sabotear nuestro proceso. Aquí es donde tu experiencia en el autoconocimiento debe mostrarse y evaluar honestamente si lo que deseas es ayuda en el proceso o, en su caso, que alguien más "lo haga"; si reconoces que has recibido ayuda, el mérito es tan grande o mayor que si lograste hacerlo tú sin esa ayuda.

En pocas palabras: Usa esta herramienta cuando realmente la necesites.

ENTENDIENDO EMOCIONES Y SENTIMIENTOS

Primera reacción: una emoción

Una de las definiciones más claras y concisas de una emoción y de un sentimiento que he conocido la adquirí de Paul Eackman en su libro *Emotions Revealed*.

Las emociones son respuestas biológicas inmediatas y universales a ciertos estímulos.

"No puedes evitar que las olas de la emoción lleguen, pero puedes aprender a surfear sobre ellas".

Las emociones son respuestas automáticas y universales que experimentamos ante ciertos estímulos o situaciones. Son reacciones rápidas e involuntarias que se activan sin intervención consciente, y están ligadas a nuestra evolución como especie. Las emociones tienen componentes biológicos, ya que implican cambios en nuestro cuerpo, como en el ritmo cardíaco, la respiración o la expresión facial.

Las emociones básicas identificadas por Ekman incluyen: alegría, tristeza, miedo, ira o enojo, sorpresa y disgusto.

***

Por qué se dispara una emoción específica en nosotros

"Lo que sentimos no depende de lo que ocurre, sino de cómo interpretamos lo que ocurre".

Epicteto

Existe un concepto definido por Ekman como *auto-appraisers* (o "autoevaluadores") en sus investigaciones sobre las emociones y cómo las interpretamos. Los *auto-appraisers* son los procesos internos que evalúan nuestras experiencias en tiempo real, determinando cómo interpretamos y reaccionamos emocionalmente a lo que ocurre a nuestro alrededor. Estos procesos involucran el reconocimiento rápido e inconsciente de situaciones que pueden ser relevantes para nuestra supervivencia, bienestar o intereses personales.

Por ejemplo, al percibir un estímulo que pueda ser amenazante, nuestros *auto-appraisers* activan una reacción emocional inmediata, como el miedo, antes de que estemos completamente conscientes del peligro. Este proceso permite una respuesta emocional rápida que puede ser esencial en situaciones de riesgo, aunque también puede influir en la forma en que reaccionamos a eventos cotidianos menos urgentes. Por ejemplo, al escuchar un ruido fuerte e inesperado, nuestro sistema emocional evalúa rápidamente la situación como potencialmente peligrosa y produce una respuesta de sobresalto o miedo antes de que racionalicemos el sonido.

***

Nuestro pensamiento se traba y obnubila en los momentos iniciales de una emoción

Si entiendes esto, te ayudará mucho a interactuar, o no, con otros en los momentos iniciales que a aquella persona se le ha disparado una emoción; digo "o no" porque en ocasiones es mejor tener una manera inteligente de evitar esa interacción, buscar la manera de posponerla durante minutos u horas si es necesario.

Al dispararse una emoción, la otra persona no te escucha, no razona; está actuando por instinto.

En las primeras etapas (segundos, minutos u horas) de una emoción, el sistema límbico (particularmente la amígdala) se activa y procesa la información emocional antes de que las áreas del cerebro relacionadas con el razonamiento, como la corteza prefrontal, puedan intervenir. Solo después de esta respuesta inicial comenzamos a racionalizar, modulando nuestra reacción y evaluando la situación de manera más consciente y deliberada.

En los momentos iniciales de una emoción, nuestro pensamiento tiende a ser rápido, automático y, en gran medida, inconsciente. En esta etapa, la mente realiza una evaluación instantánea del estímulo, para determinar si representa una amenaza, una oportunidad o algo que merece nuestra atención. El *auto-appraisal* o "autoevaluación" permite que una respuesta emocional se active antes de que tengamos plena conciencia del estímulo. Estas evaluaciones automáticas son clave en el proceso de supervivencia, ya que pueden desencadenar respuestas como el miedo o la ira en situaciones que percibimos como peligrosas o injustas.

***

Lo positivo y lo negativo

El proceso de respuesta rápida que desencadenan los *auto-appraisers* al disparar una emoción tiene tanto aspectos positivos como negativos. Estas respuestas rápidas pueden ser esenciales para la supervivencia y la toma de decisiones en situaciones de alta demanda, pero también pueden desencadenar reacciones impulsivas inapropiadas en contextos menos críticos.

Lo positivo

Protección y supervivencia: La principal ventaja de este proceso es que permite que tengamos reacciones inmediatas en situaciones de peligro. Si percibimos una amenaza (como un auto que se acerca rápidamente), el miedo se activa antes de que podamos pensar en el riesgo, lo que permite una reacción rápida para protegernos; en este caso, saltamos o corremos.

Decisiones rápidas en situaciones de alta demanda: Este tipo de procesamiento rápido permite tomar decisiones sin analizar todos los detalles, lo cual es beneficioso en situaciones de alta presión o que requiere de acciones instintivas, como en deportes o situaciones de trabajo bajo estrés.

Procesamiento automático de información compleja: Estos procesos automáticos nos liberan de evaluar conscientemente cada estímulo o situación, lo que ahorra recursos cognitivos y permite que la mente consciente se ocupe de tareas más complejas.

Lo negativo

Impulsividad y reacciones inapropiadas: La rapidez de estos procesos también significa que no siempre son precisos. Una reacción de enojo o miedo en una situación que realmente no representa peligro puede llevar a respuestas impulsivas, como discutir con alguien o tomar decisiones de las que luego nos arrepentimos. Para las personas con poco control emocional puede llegar a extremos de agresión, violencia o irresponsabilidad.

Sesgo y falta de razonamiento: Al basarse en experiencias pasadas, los *auto-appraisers* pueden desencadenar emociones basadas en prejuicios o asociaciones previas, lo que puede limitar nuestra capacidad de evaluar la situación de manera justa o racional. Una mala experiencia o reacción anterior nuestra o de nuestros padres puede hacer que tomemos sin pensar ese mismo camino, pudiendo este ser uno no muy adecuado.

Dificultad para controlar las emociones: Como estos procesos son inconscientes e involuntarios, pueden hacernos sentir emociones intensas que son difíciles de manejar en situaciones sociales o profesionales. Por ejemplo, una respuesta de miedo o estrés en una presentación puede sabotear nuestro desempeño, puede "congelarnos" y aumentar así nuestro riesgo ante una situación de peligro aunque el riesgo real sea mínimo.

Una emoción puede convertirse en un sentimiento

Existe un proceso por medio del cual una emoción inicial da lugar a un sentimiento consciente. Las emociones son respuestas automáticas y rápidas del cuerpo a estímulos externos o internos, y están mediadas por el sistema límbico, especialmente por la amígdala, en el cerebro. Estas reacciones emocionales suelen ser breves y orientadas a la supervivencia, como el miedo al percibir un peligro o la alegría ante una buena noticia.

Los sentimientos, en cambio, son el resultado de procesar esas emociones en un nivel más consciente; involucran áreas del cerebro relacionadas con el pensamiento y el razonamiento, como la corteza prefrontal, y están influenciados por experiencias personales, creencias y el contexto cultural.

Un sentimiento surge cuando reflexionamos sobre la emoción inicial, como cuando transformamos una reacción de enojo en resentimiento u odio al recordar un evento pasado o cuando convertimos el miedo inicial en preocupación o ansiedad al analizar e imaginar las posibles consecuencias.

Reconoce lo que te dispara una emoción

> *"La libertad no es la ausencia de emociones, es el control sobre ellas".*
>
> *Nelson Mandela*

El que reconozcas tus disparadores de emociones puede ayudarte a tomar el control de tu reacciones, en lugar de ser arrastrado por ellas. Las emociones son respuestas naturales, pero el autoconocimiento te permite identificar los patrones de tus disparadores emocionales y entender qué los causa. Esto no solo te ayuda a anticipar tus reacciones emocionales, sino también a gestionarlas de manera más efectiva.

¿Qué es un sentimiento?

Los sentimientos

Un sentimiento es la experiencia consciente y subjetiva de una emoción.

Un sentimiento es lo que de manera subjetiva fabricamos teniendo como ingrediente una emoción.

Es decir, mientras las emociones son automáticas y físicas, los sentimientos son cómo percibimos o interpretamos esas emociones dentro de nuestra mente. Los sentimientos requieren un proceso cognitivo: una persona se da cuenta de la emoción que está experimentando y la interpreta.

A diferencia de las emociones, que son reacciones automáticas y universales, los sentimientos son más complejos y pueden variar enormemente de una persona a otra. Los sentimientos no solo están influenciados por las emociones inmediatas, sino también por nuestras experiencias pasadas, creencias, cultura, entorno social y estado mental. Generalmente, un sentimiento tiene una duración mucho más duradera que una emoción.

"*Cada sentimiento es un mensajero; descifrarlo es un acto de valentía hacia uno mismo*".

Carl Jung

Algunos ejemplos del proceso emoción - sentimiento:

Emoción de miedo → Sentimiento de inseguridad

Una persona puede sentir miedo (esta es la emoción) al escuchar un ruido fuerte e inesperado. Sin embargo, el sentimiento que se genera puede ser ansiedad, porque la persona, tras procesar el evento, puede comenzar a pensar en posibles amenazas o en la posibilidad de que el ruido indique algún peligro cercano. Aquí, la ansiedad es el sentimiento que surge tras la emoción inicial de miedo.

Emoción de felicidad → Sentimiento de gratitud

Emoción de ira → Sentimiento de resentimiento u odio.

Entendiendo el proceso de evolución de una emoción a un sentimiento.

Los sentimientos son una evolución de las emociones que se desarrolla en un proceso más complejo y consciente. A continuación, te resumo y presento el proceso según Ekman, junto con algunas otras ideas de terceros citadas en sus libros.

Esta transformación ocurre en cinco pasos:

Paso 1: La activación de la emoción

Ekman explica que una emoción es una reacción automática y rápida ante un estímulo, activada en milisegundos. Este proceso no implica pensamiento consciente; más bien, responde a evaluaciones automáticas que realizan los *auto-appraisers* para identificar si el estímulo representa una amenaza o algo valioso. Así, una situación peligrosa desencadena miedo, mientras que una situación positiva puede provocar alegría. Esta respuesta emocional inicial prepara al cuerpo para reaccionar (con tensión muscular, aumento del ritmo cardíaco, etc.), y se manifiesta antes de que tengamos conciencia de ella.

Paso 2: Percepción y conciencia de la emoción

Una vez que la emoción ha sido activada, el cerebro percibe y comienza a procesar esta respuesta emocional. Aquí es donde entran en juego las experiencias pasadas y el contexto personal. La corteza prefrontal integra esta emoción automática con información consciente, recuerdos y creencias personales, y da lugar a una interpretación inicial.

Por ejemplo, el miedo ante un ruido fuerte puede ser evaluado como una simple sorpresa si comprendemos rápidamente que no hay peligro real. Este paso es fundamental porque no todas las emociones iniciales se transforman en sentimientos, y muchas se desvanecen una vez que se percibe la falta de amenaza. Otro ejemplo es que la mayor parte de los "sustos" que tenemos al conducir un vehículo son pasajeros y los olvidamos en unos cuantos minutos, solo aquellos que tuvieron alguna consecuencia (menor o mayor) en nuestra vida los podríamos almacenar.

Paso 3: Construcción del sentimiento

Al profundizar en la emoción inicial, entra en juego la racionalización consciente, y **aquí es donde surge el sentimiento**.

El sentimiento es una evaluación personal de la emoción, que a menudo incluye pensamientos más complejos sobre lo que sentimos y por qué. Por lo tanto, una misma emoción puede dar origen a diferentes sentimientos en diferentes individuos.

Los sentimientos son, entonces, interpretaciones que enriquecen la experiencia emocional. Así, la emoción inicial de miedo puede evolucionar hacia una sensación de inquietud si, al reflexionar, el individuo sigue percibiendo la situación como potencialmente amenazante, y esta percepción está basada en cientos de experiencias previas, entorno, cultura, religión, prejuicios, apetito al riesgo, etc.

Como te estás dando cuenta, es hasta cierto punto claro que los sentimientos también son influenciados por el contexto cultural y las normas sociales. Esto significa que un sentimiento puede variar entre culturas o individuos; una situación que provoca vergüenza en una persona podría no tener el mismo efecto en otra, dependiendo de sus experiencias y contexto cultural. Esto se manifiesta de manera muy evidente en las diferentes generaciones; lo que generaba vergüenza en nuestros abuelos puede no tener importancia para nosotros.

Paso 4: Duración y evolución

A diferencia de las emociones, que son breves y reactivas, los sentimientos suelen ser más duraderos. Un sentimiento puede permanecer en nuestra mente durante varios minutos, horas, días o incluso de por vida, dependiendo de la intensidad de la emoción inicial y de la interpretación que le demos. La persistencia de un sentimiento está ligada a la capacidad del individuo para "revivir" la emoción mediante pensamientos o recuerdos repetitivos, algo que se denomina *sentimiento secundario*. Así, una persona puede seguir sintiéndose ansiosa al recordar un evento de miedo, manteniendo el sentimiento en el tiempo.

Paso 5: Reflexión y revaluación

Finalmente, los sentimientos pueden transformarse o moderarse con el tiempo mediante la reflexión consciente. Si una persona analiza su experiencia y entiende el contexto de su emoción, puede llegar a cambiar el sentimiento inicial (de resentimiento a aceptación, por ejemplo). Esta fase se llama *revaluación cognitiva*, es fundamental para la inteligencia emocional. Esta capacidad de reflexión puede reducir los efectos negativos de las emociones intensas, promoviendo resiliencia y bienestar emocional.

Como parte de mi experiencia, puedo afirmar que, después de estos pasos cuando se incluyen procesos de meditación, terapia y técnicas de *self-awareness* (autoconsciencia), podemos lograr modificar o eliminar los sentimientos iniciales o secundarios.

Conociendo a tu ego puedes aligerar la carga de sentimientos innecesarios en tu vida.

ESTAR ESTANCADO
SER UN CRETINO CONTIGO MISMO

"Nunca eres destruido por nadie
excepto por ti mismo"
Nietzsche

Muchas veces dicen que estoy loco porque me gusta lo raro o lo diferente, porque reacciono de manera poco convencional a las cosas o porque no comulgo con muchas de las ideas tradicionales que la mayor parte de la gente acepta sin cuestionarlas. Solo puedo contestar esto:

"Creo que estar loco no es malo; ser hipócrita o mentiroso sí".

No quiero llegar a ser un cretino conmigo mismo y perder mi convicción en las cosas. Y puede ser que esté equivocado. Sin embargo, mientras actúe de manera honesta y al límite de mis posibilidades con aquello que creo, mantendré un nivel de armonía interna que me permita tener suficiente claridad para aprender, evolucionar y posiblemente modificar mi conocimiento, cuerpo y mente en un nuevo ciclo.

Lo que niegas te somete mientras que lo que aceptas te transforma.

La paz interior y la felicidad surgen cuando dejas de intentar controlar lo que está fuera de ti y comienzas a dominar lo que está dentro de ti.

Cuando eres un cretino contigo mismo, te conviertes en tu propio obstáculo, en tu juez más severo y en tu crítico más implacable. En el contexto del autoconocimiento, esta actitud tiene implicaciones profundas y, en muchos casos, limitantes. El camino hacia conocerte mejor requiere amabilidad, paciencia y compasión, pero al ser un cretino contigo mismo, te privas de esos recursos y te impones un nivel de dureza que puede sofocar cualquier avance hacia tu bienestar y desarrollo personal.

***

Bloqueas el proceso de autoconocimiento

La autocrítica severa o el juicio excesivo crean una barrera mental que te impide ver con claridad quién eres en realidad. Cuando eres un cretino contigo mismo, te concentras en juzgar y criticar, y dejas poco espacio para observar con neutralidad o para aceptar tus características y comportamientos sin prejuicios. El autoconocimiento, para que sea efectivo, debe basarse en la honestidad sin crueldad; implica ver tus defectos y tus virtudes desde una perspectiva equilibrada y sin recurrir a la autodestrucción.

El ser humano tiene una tendencia natural a buscar

coherencia en sus creencias sobre sí mismo. Cuando eres excesivamente duro contigo, creas una imagen negativa de ti mismo que puedes empezar a creer como verdad. Así, terminas identificándote con una versión distorsionada de ti, creyendo que siempre fallas, que no eres suficiente o que tus esfuerzos nunca serán satisfactorios. Con esta perspectiva, se vuelve imposible avanzar y descubrir tus verdaderas fortalezas y tu potencial.

***
Saboteas tu autoestima

Ser un cretino contigo mismo impacta directamente en tu **autoestima**. La autoestima es una construcción delicada que necesita ser nutrida con una valoración justa de tus capacidades y con el reconocimiento de tus logros, por pequeños que sean. Al ser cruel contigo mismo, te niegas esta validación y terminas por socavar tu confianza en ti. Te enfocas solo en los errores, en las fallas o en lo que consideras insuficiente, y cada vez que te comportas de esta manera, reduces tu autovaloración.

Este sabotaje de tu autoestima afecta cómo te enfrentas a las oportunidades y desafíos de la vida. Con una baja autoestima, es más probable que evites tomar riesgos, que no confíes en tus habilidades o que no te atrevas a salir de tu zona de confort. Esto limita tu capacidad de aprendizaje y crecimiento, ya que el miedo al error y la autocrítica severa te llevan a una postura defensiva y a una vida más restringida.

***
Creas una relación tóxica con tu ser interno

"La autocrítica excesiva es el mayor obstáculo para alcanzar la paz interior".

Dalai Lama.

Cuando te tratas con esa crueldad implacable que a veces experimentamos, creas una relación tóxica contigo mismo. Generas una vida de constante lucha interna, donde una parte de ti intenta avanzar y descubrirse, mientras otra parte critica y sabotea cada intento. Esta relación tóxica contamina y en ocasiones envenena mortalmente tu diálogo interno; los pensamientos negativos se vuelven una norma, lo que genera en ti ansiedad y estrés constante que difícilmente podrás resolver.

En el autoconocimiento, la relación contigo mismo es fundamental, ya que representa el pilar de todas tus otras relaciones y de tu bienestar. Si no puedes hablarte con respeto y apoyo, será difícil encontrar paz o satisfacción en tus interacciones con el mundo externo. La relación que tienes contigo mismo es la única que realmente durará toda tu vida, y si esta relación se basa en la hostilidad, siempre te sentirás en conflicto interno.

***
Bloqueas el desarrollo de la autocompasión y el aprendizaje

Uno de los recursos más valiosos en el camino del autoconocimiento es la autocompasión, la capacidad de tratarte con la misma amabilidad y comprensión que mostrarías a un íntimo amigo en dificultades. La autocompasión no significa justificar o ignorar tus errores, sino abordarlos desde un lugar de aprendizaje y crecimiento. Si eres un cretino contigo mismo, te niegas esta posibilidad, y en lugar de aprender de tus errores, te castigas y lamentas por ellos, con lo cual creas un ciclo de culpa y autocrítica.

La autocompasión y el aprendizaje van de la mano, son parte fundamental del camino al *Saber Ser*; cuando te permites aprender de tus errores en lugar de juzgarte severamente, abres una puerta al autoconocimiento y al desarrollo de tu ser. Al reconocer tus fallas sin descalificarte, puedes entender aquello que debes mejorar y los puntos en los que tienes necesidad de avanzar en lugar de estancarte en una autopercepción negativa.

Ser cruel contigo mismo es un obstáculo directo al autoconocimiento. Al tratarte con dureza y juicio extremo, bloqueas tu desarrollo personal, saboteas tu autoestima, creas una relación tóxica contigo mismo y niegas la posibilidad de aprender de tus experiencias. El camino hacia el Saber Ser requiere autocompasión y honestidad, no crueldad. Cuando abandonas esta actitud y cultivas una perspectiva amable y comprensiva contigo mismo, abres la puerta a la posibilidad del crecimiento, aprendizaje y a descubrir tu verdadero potencial.

"La mayoría de las personas piensan que el fracaso es lo opuesto al éxito, pero, en realidad, el fracaso es parte del éxito. No te castigues por no ser perfecto".

Elon Musk

Piensas que tienes razón aun cuando no la tienes

No importa tener la razón

Es infinitamente más enriquecedor el acto de autocuestionarnos si tenemos la razón que el hecho de tenerla.

El acto de **pensar que tienes razón aun cuando no la tienes** es una trampa cognitiva que puede limitar significativamente tu crecimiento personal y tu capacidad de mejorar. Esta tendencia a aferrarse a una creencia o una opinión, incluso cuando hay evidencia en contra, se conoce como sesgo de confirmación. Es el proceso de buscar, interpretar y recordar información que solo confirma nuestras creencias existentes, ignorando o minimizando cualquier dato contradictorio.

En el contexto del autoconocimiento, ser conscientes de esta inclinación nos ayuda a identificar cuándo estamos cerrándonos a perspectivas que podrían ampliar nuestra comprensión. La autoconciencia implica no solo observar nuestras emociones y comportamientos, sino también reconocer los patrones de pensamiento limitantes que nos impiden evolucionar. Si siempre asumimos que tenemos razón, es probable que nuestra mente esté en un estado de rigidez cognitiva, lo que dificulta la apertura a nuevas ideas o formas de ver el mundo.

Cuando creemos que siempre tenemos razón, existe una barrera hacia el autoconocimiento auténtico. Esto ocurre porque no nos permitimos dudar, cuestionar o reflexionar sobre nuestras creencias, lo que nos deja atrapados en una mentalidad fija. Si comparamos una "mentalidad estática" versus una "mentalidad de crecimiento", es común que notemos que las personas con una mentalidad estancada tiendan a evitar desafíos y a defender sus ideas sin importar las evidencias o consecuencias. Por el contrario, las personas con una mentalidad de crecimiento están abiertas al aprendizaje y a aceptar la posibilidad de que equivocarse se puede convertir en una oportunidad para crecer.

Aceptar que podemos estar equivocados nos acerca a un mayor nivel de *self-awareness*, porque significa que estamos dispuestos a confrontar nuestras limitaciones y aprender de ellas. En lugar de caer en la autojustificación o en la negación de errores, ser conscientes de esta tendencia nos permite adoptar una actitud de curiosidad. Podemos empezar a preguntar: ¿Por qué creo esto? ¿Es posible que mi perspectiva esté limitada por mi propia experiencia o sesgos?

Analiza este ejemplo: en situaciones de interacción personal, en el instante en que las cosas se complican y surge un posible conflicto o discordancia, podemos pensar que nuestra forma de ver el problema es la única correcta, pero al practicar la autoconciencia, abrimos la puerta a la posibilidad de darnos cuenta de que la percepción de los demás tiene tanto valor como la nuestra. Reconociendo esta posibilidad, nos permitimos ser más flexibles y entender que lo importante no es "ganar" una discusión, sino aprender, construir y crecer a partir de ella.

En el entorno laboral, pensar que siempre tenemos la razón puede obstaculizar la innovación y la colaboración, propia y del equipo de trabajo. Los líderes y profesionales que no están dispuestos a cuestionar sus ideas pueden terminar aislándose de las contribuciones de otros miembros del equipo. Por el contrario, los líderes conscientes de sí mismos fomentan una cultura de apertura y de cuestionamiento, donde se valora más la búsqueda de soluciones efectivas que la necesidad de demostrar que una persona específica tiene razón.

***

Soy feliz al entender que puedo estar equivocado

La idea de ser feliz al entender que puedo estar equivocado puede parecer contradictoria al principio, pero es una perspectiva profundamente liberadora en el camino del *Saber Ser*. Cuando aceptamos la posibilidad de equivocarnos, dejamos de ver los errores como amenazas a nuestro ego y comenzamos a verlos como oportunidades para crecer y mejorar. Esta aceptación nos lleva a una mentalidad de aprendizaje, donde el enfoque no está en la necesidad de tener siempre la razón, sino en la capacidad de adaptarnos y evolucionar.

Desde un punto de vista de desarrollo personal, ser feliz al comprender que podemos estar equivocados implica un nivel de humildad intelectual. Significa aceptar que no lo sabemos todo y que nuestra comprensión del mundo siempre puede expandirse. La humildad intelectual es clave para el autoconocimiento, ya que permite reconocer que nuestras creencias y opiniones son provisionales, es decir, están sujetas a cambio conforme adquirimos nueva información o experiencias.

Cuando somos capaces de aceptar el error positivamente, sin que cambie nuestro entusiasmo y energía, también estamos practicando la resiliencia emocional. En lugar de aferrarnos al miedo de equivocarnos, abrazamos la incertidumbre y aceptamos que la vida está llena de cambios. Esta actitud nos prepara mejor para enfrentar situaciones inesperadas y aprender de ellas, lo cual, a su vez, incrementa nuestra felicidad. La capacidad de aceptar "nuestro error" y aprender de ello es un factor clave en la construcción de una vida plena y satisfactoria.

Desde la perspectiva del *self-awareness*, aceptar con felicidad que podemos estar equivocados también es un recordatorio de nuestra naturaleza humana. Todos cometemos errores y tener esta conciencia nos permite ser más compasivos con nosotros mismos y con los demás. Al entender que equivocarse es parte del proceso de crecimiento, eliminamos el peso del perfeccionismo y adoptamos una mentalidad más abierta y flexible.

***

Salir del estancamiento

Si logras hacer la transición entre pensar "que siempre tienes razón aun cuando no la tienes" y "soy igualmente feliz al entender que puedo estar equivocado", lograrás entrar al maravilloso mundo que es cuestionar esas "certezas" y adoptar una actitud más abierta y flexible hacia el aprendizaje; podrás ver una alternativa para salir del hueco y evitar caer en la rigidez cognitiva. Seguir esta evolución te ofrece una solución liberadora: encontrar felicidad en la aceptación del error y la oportunidad de cambiar.

El proceso de autoconocimiento implica un ciclo continuo de autoevaluación, corrección y crecimiento. Cuando reconoces que a veces te aferras a ideas incorrectas, te permites evolucionar y mejorar.

Cuando somos conscientes de nuestras tendencias a pensar que siempre tenemos la razón, estamos dando el primer paso hacia la humildad intelectual. Y al encontrar felicidad en la posibilidad de equivocarnos, damos el siguiente paso al adoptar un enfoque de vida basado en el aprendizaje continuo.

Date permiso de ser creativo

Imaginación, creatividad y autenticidad

"Siempre apégate a lo que te hace raro, diferente, extraño y particular; esa es tu verdadera esencia y tu fuente de verdadero poder".

Robert Greene

***
Imaginación

La imaginación es la capacidad mental que todos tenemos para crear y explorar imágenes, ideas, conceptos y escenarios que no están presentes en lo que consideramos como mundo real o que aún no han ocurrido. Es una facultad cognitiva que nos permite combinar información existente con nuevas posibilidades, con lo cual nos da el poder de ver más allá de lo que percibimos a través de nuestros sentidos y de crear mundos e ideas que solo existen en nuestra mente.

Desde la visión del autoconocimiento, la imaginación es un canal hacia lo desconocido, un espacio donde podemos explorar posibilidades que van más allá de las limitaciones del mundo real; es un recurso esencial para conectarnos con nuestra creatividad, una fuente de inspiración inagotable que puede motivarnos a vivir una vida más plena y auténtica. Nos permite visualizar y jugar con nuevas ideas, así cultivamos una mentalidad de crecimiento, que nos anima a explorar, a probar cosas nuevas y a ver el fracaso como parte natural del proceso creativo. También es la herramienta que nos conecta con nuestro "genio interior" y nos permite explorar deseos y emociones que a menudo están ocultos o bloqueados; es el elemento clave de la visualización.

La imaginación es similar a un músculo, la tienes que alimentar y ejercitar para que sea ágil, fuerte y responda a las exigencias que le impongas. Imaginar sobre un tema específico requiere de disciplina y esfuerzo. Si te digo que imagines un árbol frondoso en la punta de un cerro, seguramente lo lograrás; sin embargo, si te pido que tú solo construyas los detalles de ese árbol, las hojas, ramas, ramificaciones, colores, las aves que lo habitan, y que te esfuerces en ver esos detalles en tu mente, es muy probable que no lo logres en el primer inicio; te bloquearás o te distraerás, y perderás por completo el enfoque. Hacer juegos de imaginación que sean cada vez más complejos te permitirá tener más control sobre tu imaginación y poco a poco podrás ver los detalles que deseas; así podrás avanzar en el camino de autoconocimiento al tener mejores experiencias de visualización y creatividad.

***
Creatividad

La imaginación está estrechamente ligada a la creatividad, ya que ambas implican la capacidad de producir nuevas ideas y soluciones. A través de la creatividad, la imaginación no solo visualiza algo nuevo, sino que también da forma a esa idea y la convierte en algo tangible.

La creatividad no se trata de éxito o fracaso, sino de la experiencia misma de crear, usar tu imaginación y ser auténtico en todo lo que expresas.

Todos somos creativos por naturaleza; sin embargo, a menudo nos enfrentamos a bloqueos en nuestra creatividad. Estos bloqueos son generados principalmente por nuestros prejuicios y miedos, que nos impiden expresarnos.

Estos prejuicios y miedos son conocidos como "creencias limitantes" y son pensamientos o ideas profundamente arraigadas que tenemos sobre nosotros mismos, los demás o el mundo, y que nos impiden alcanzar nuestro verdadero potencial. Estas creencias suelen tener origen en experiencias pasadas, influencias religiosas, culturales o familiares, o en interpretaciones personales de eventos que han marcado nuestra vida. Aunque pueden parecer "verdades absolutas", las creencias limitantes son realmente enredos mentales que limitan nuestra capacidad de ver opciones, de tomar acciones y de percibir. Las creencias limitantes nos mantienen en una zona de confort, en la que evitan que asumamos riesgos o problemas cosas nuevas.

***
Las creencias limitantes bloquean tu creatividad

Directa o indirectamente, las creencias limitantes pueden afectar nuestra creatividad al hacer que evitemos explorar nuestro potencial por miedo al fracaso, a la crítica o a no cumplir con nuestras propias expectativas. Por ejemplo, si una persona cree que "no tiene talento", es posible que no intente actividades creativas como pintar, emprender, diseñar un producto, escribir o tocar un instrumento, ya que ha internalizado la idea de que no será buena en ello. Este tipo de creencia no solo limita el desarrollo de habilidades nuevas, sino que también afecta la autoestima, ya que no nos damos la oportunidad de descubrir qué tan lejos podemos llegar.

Una *creencia limitante* común en el ámbito creativo es la idea de que "no se puede vivir del arte" o "no soy superdotado en este deporte" o "no van a entender los productos que diseño". Este pensamiento puede desmotivar a muchos artistas, ingenieros y deportistas, y los lleva a abandonar sus sueños creativos o a ver su pasión solo como un hobby sin potencial de éxito. Al aceptar esta idea sin cuestionarla, te cierras a explorar alternativas, innovaciones y opciones que podrían permitirte vivir de tu creatividad.

Cuando aparezcan en ti pensamientos como estos, identifícalos como una *creencia limitante* y trabaja para eliminar ese "bloqueo":

"No soy lo suficientemente bueno": Esta creencia te lleva a evitar asumir retos por miedo a no cumplir con las expectativas, propias o ajenas. A largo plazo, evita que desarrolles tus habilidades o pruebes cosas nuevas.

"No tengo tiempo": Esta frase es muy usada y generalmente como excusa para no comenzar un proyecto creativo o emprender una actividad que puede ser desafiante. Claro está que el tiempo es un recurso limitado, sin embargo, frecuentemente la realidad es que muchas veces se trata de una cuestión de prioridades, eficiencia u organización y no realmente de falta de tiempo.

"Nadie va a valorar mi trabajo": Esta creencia te hace pensar que tu esfuerzo creativo será en vano porque nadie verá valor en lo que haces. Te hace autocensurarte y, probablemente, evitará que compartas tu trabajo con el mundo.

"Soy demasiado viejo o joven para empezar": Este tipo de pensamiento hace que las personas se limiten a explorar nuevas actividades o intereses. A ti, si estás en este supuesto, puede llevarte a pensar que tu edad es un impedimento para aprender algo nuevo o tener éxito.

Una manera de trabajar las creencias limitantes es racionalizarlas y convertirlas en motivadores; para esto necesitas:

Identifícalas: ¿Cuáles son?, y ¿cuándo se presentan?

Cuestiónalas: ¿Es una verdad universal?, ¿cómo y dónde la adquirí?, ¿lo he intentado de diferentes maneras?

Cámbialas a creencias empoderadoras: Por ejemplo, "con calma estoy aprendiendo" o "sé que tengo mucha facilidad para esto".

Transforma la autocrítica excesiva: Elimina las críticas "a la ligera" y practica hacer sesiones objetivas y constructivas de crítica; utiliza el autoconocimiento.

Festéjate y prémiate: Cuando alcances pequeñas metas, festéjalo y date un premio pequeño; tu autoestima te lo agradecerá.

***

Estimula tu creatividad

Ya que hayas trabajado en tus creencias limitantes, ahora da el paso de entrar al mundo de estimular tu creatividad por medio de algunos principios:

Encantamiento y receptividad

El encantamiento es el estado mental de asombro y fascinación que surge cuando te permites ver el mundo como algo nuevo. Es necesario adoptar una mentalidad receptiva, en la que te abras a nuevas ideas y te conectes con la magia del momento presente. Esta actitud no solo se refiere a observar lo que te rodea, sino a percibir los detalles que normalmente pasas por alto. La receptividad es la disposición a ser influenciado por lo que te inspira, sin filtros ni juicios. Cuando estás encantado por el mundo y eres receptivo a sus enseñanzas, tu creatividad fluye sin esfuerzo. Puedes encontrar inspiración en cualquier cosa: en una conversación, en un paseo por la calle o incluso en un libro que normalmente no leerías. Ser receptivo te permite absorber ideas que, si no estuvieras abierto, no habrías notado.

Date permiso: nadie te lo da; solo tú

Uno de los obstáculos más grandes para muchas personas al intentar ser creativas es la falta de permiso. Nos condicionamos a esperar una señal externa o la aprobación de otros para comenzar a crear. Pero la verdad es que el único permiso que necesitas es el tuyo. Nadie te va a dar el permiso para ser creativo, ni para cometer errores, ni para explorar nuevas ideas. Es un acto personal de autoliberación. Tienes que darte permiso para jugar con ideas sin miedo al fracaso, para experimentar sin expectativas de un resultado perfecto. Cuando te permites ser creativo, sin miedo a la crítica o el juicio, la innovación y las ideas frescas comienzan a surgir de manera natural. Así que hazlo: di "sí" a tus pensamientos y anhelos creativos, sin pedir permiso a nadie más.

Ejercítate con imaginación

La creatividad, al igual que un músculo, necesita ser ejercitada para fortalecerse. No basta con esperar que la inspiración llegue de repente; tienes que trabajar activamente en ejercitar tu imaginación. Esto puede ser tan simple como permitirte pensar en escenarios imposibles o practicar actividades que te saquen de la rutina, como escribir, dibujar, cantar, o incluso soñar despierto. Cuantos más ejercicios realices que activen tu imaginación, más fácil será que nuevas ideas florezcan espontáneamente. La imaginación es la base de la creatividad, pero para que esta crezca, debe ser cultivada constantemente. La clave aquí es la consistencia. Establecer momentos durante el día para ejercitar tu mente creativa puede llevarte a descubrir ideas que nunca habrías considerado.

Conéctate con tu Ser interno

La creatividad no solo se alimenta del mundo exterior; también depende de tu conexión con tu ser interno. Tu ser interno es la fuerza o energía que nos impulsa a crear, es una presencia que se encuentra más allá de tu ser racional y que siempre está disponible para ti. Es lo que en la historia y en el arte se conoce como "musa", aquello que espiritualmente te inspira e invita a explorar nuevas ideas y te da la energía para llevarlas a cabo y expresarlas.

***
Creatividad y autenticidad

"La autenticidad es la clave para liberar tu creatividad; no puedes crear algo genuino si no eres fiel a ti mismo".

Steve Jobs

La creatividad también se relaciona con la libertad y autenticidad en el acto de crear. Al ver la creatividad como una colaboración con una energía de tu ser interno, puedes sentirte con mayor libertad de expresar ideas sin juzgarte o censurarte.

Cada intento creativo es valioso porque es una colaboración con esta energía de tu ser, independientemente de cómo sea recibido por los demás.

Diálogo interno

Esa voz que no calla

"*La felicidad de tu vida depende de la calidad de tus pensamientos*".

Marco Aurelio

***

Todos lo conocemos

Es el flujo continuo de pensamientos y conversaciones que mantenemos con nosotros mismos en nuestra mente. Este diálogo puede ser consciente o inconsciente y afecta significativamente cómo nos sentimos, cómo nos comportamos y cómo percibimos el mundo que nos rodea.

"No eres lo que piensas que eres, sino lo que piensas, eso eres".

Si no eres consciente de tu diálogo interno y de los procesos inconscientes que influyen en tus decisiones, sentirás como si tu vida estuviera fuera de control, gobernada por fuerzas desconocidas. Explorar tu mundo interior es el primer paso para que tomes el control de tu destino.

Tus pensamientos moldean tu realidad, porque filtras cómo percibes las cosas y moldean tu bienestar, porque así defines cómo accionas y reaccionas. Cuando te concentras en mantener un diálogo interno positivo y constructivo, puedes influir en tus emociones, acciones y reacciones, para llevar así una vida más equilibrada y satisfactoria.

No todos, de manera nata, toman conciencia del diálogo interno; muchas personas viven toda su vida experimentándolo sin tomar conciencia plena de que estaba en su ser y que podían haber tenido un mejor control sobre este. Para tener conciencia de tu diálogo interno, debes haber iniciado, en mayor o menor medida, el camino del autoconocimiento; solo después de haber sido consciente de tu ser, puedes entonces ver claramente los elementos que están dentro de ti; el diálogo interno es uno de esos elementos y está influenciado por otros como el ego o las creencias.

Es increíble lo difícil que puede resultar manejar tu diálogo interno. En mi caso, es un tema en el que he trabajado mucho y que me ha impulsado a buscar y aplicar una infinidad de técnicas, como la meditación, terapias diversas, técnicas de proyección, manejo de la respiración, visualización y muchas otras más; lo que puedo transmitirte con certeza es que no hay una técnica o solución mágica que permita el control total del diálogo interno.

Después de haber intercambiado ideas con docenas y docenas de personas, de leer muchísimo de temas relacionados y ver infinidad de videos, puedo resumir que hay una altísima coincidencia en que existen tres factores muy importantes para que puedas tener mejor control del diálogo interno:

Escribe tu diálogo: Genera el hábito de llevar un diario para expresar y analizar pensamientos y emociones.

Si no te gusta la idea de un diario, lleva un récord de las ideas negativas que aparecen en tu diálogo interno en ese periodo; escribe cómo te sentiste y cómo puedes volverlas totalmente positivas.

Realiza afirmaciones positivas y visualízalas: Incluye en tu rutina diaria técnicas para reforzar creencias positivas y visualizar resultados deseados.

Medita y trabaja en la atención plena: Aprende y practica ejercicios de meditación para aumentar tu conciencia del momento presente y reducir la influencia de pensamientos negativos.

EMPIEZA A VIVIR TU VIDA
VIVE EL MOMENTO CONSCIENTEMENTE

"El Saber ser es encontrarte y colocarte en los momentos que deseas, disfrutándolos conscientemente"

***

¿Qué es el placer?

El **placer** es cualquier sensación de bienestar y satisfacción que se experimenta al realizar actividades o al satisfacer deseos y necesidades. Esta sensación puede ser física o emocional y está asociada con la activación de circuitos de recompensa en el cerebro, lo que libera neurotransmisores, como la dopamina y endorfinas. El placer puede surgir de experiencias sensoriales, como comer, sentir una caricia o escuchar música, así como de logros personales o interacciones significativas. En el contexto de la autoconciencia, el placer consciente implica disfrutar plenamente del momento, para conectarnos profundamente con lo que sentimos y aumentar nuestro bienestar y satisfacción.

El placer es una experiencia **subjetiva**, ya que depende en gran medida de las preferencias, creencias y experiencias individuales. El placer consciente permite conectar con esta subjetividad, ya que invita a cada persona a explorar lo que le resulta satisfactorio sin basarse en expectativas externas o normas impuestas.

***

El placer consciente

El **placer consciente** se refiere a experimentar plenamente y con atención cualquier actividad o placer en el momento presente, al tiempo que se pone toda la atención en los detalles y sensaciones que evoca. En lugar de disfrutar algo de manera superficial o automática, el placer consciente (disfrute consciente) implica estar presente y percibir intensamente cada aspecto de la experiencia, desde los sabores y aromas hasta las emociones y pensamientos que surgen.

*El placer consciente no solo amplifica el placer, también ayuda a mejorar el **autoconocimiento** y la **conexión** con el momento presente.*

El placer consciente se relaciona con el epicureísmo. Epicureísmo proviene de Epicuro, un filósofo griego de hace 2300 años que tuvo ideas muy innovadoras e interesantes y que fue el primero que habló de algo similar a los átomos, del placer espiritual y responsable, de la amistad como un "gran bien", etc. Para Epicuro, la clave de la felicidad estaba en la moderación y en la capacidad de distinguir entre placeres que son duraderos (mentales y espirituales) y aquellos efímeros o pasajeros (materiales o sensoriales). En lugar de buscar placeres intensos y momentáneos, Epicuro propone un placer sostenible y consciente, valorando más el goce que es sencillo y duradero, como la amistad, la reflexión y el disfrute de la naturaleza, de los logros y los amigos.

Para aquellos que estamos buscando cómo *Saber Ser*, recorremos el camino desarrollando nuestra autoconciencia, en el entendimiento de que el placer consciente nos permite explorar nuestros deseos y reacciones sin juzgarnos o reprimir lo que sentimos. La autoconciencia implica observarnos a nosotros mismos en el proceso de disfrute, al tiempo que reconocemos cómo nuestras emociones y pensamientos influyen en nuestras sensaciones. Al experimentar el placer de manera consciente, se abre un espacio para entender de forma más clara lo que realmente nos satisface en este momento de nuestras vidas, cuáles son nuestros límites y los deseos auténticos que enriquecen nuestra vida.

Al igual que el placer consciente, el epicureísmo no busca hedonismo extremo, tampoco el placer por el placer mismo, su fin no es la recompensa o gratificación inmediata, sino el **bienestar equilibrado** que proviene de disfrutar lo esencial y vivir en paz. En este sentido, ambos enfoques valoran los placeres cotidianos y promueven un estado de calma y satisfacción que va más allá de los deseos efímeros. Epicuro aconsejaba cultivar un tipo de vida donde el placer y la moderación fueran el centro, y este mismo principio se aplica en el disfrute consciente al prestar atención plena a cada experiencia para maximizar el bienestar sin caer en el exceso.

Para tener experiencias que tiendan a ser parte del placer consciente, tienes que prepararte para entender lo que vas a experimentar.

¿Esto qué significado tiene?

Coloquialmente es que, si te lanzas como «el Borras» (explico a las nuevas generaciones: "El Borras" es un personaje que hace las cosas sin mucha reflexión o preparación, y deja a veces que la improvisación o el azar determinen el resultado) a una muestra de café o de comida italiana, sin haberte informado de las nociones básicas que debes buscar en ambas experiencias, tendrás un momento bueno o malo, dependiendo de la habilidad del anfitrión y tu suerte para ponerte en sintonía. Sin embargo, si te informas de ambos temas, puedes ir ajustando la experiencia, enfocando tu atención, haciendo las preguntas necesarias para poder percibir de mejor manera aquello que deseas reconocer y experimentar.

En pocas palabras, responsabilízate de cómo quieres balancear y experimentar tu placer y prepárate.

Un ejemplo de esto es cuando comes conscientemente. En lugar de que te limites exclusivamente a consumir alimentos sin prestar atención a su sabor, textura o aroma, el placer consciente te lleva a saborear cada bocado, a reconocer cómo te sientes y a disfrutar sin prisas. Este enfoque no solo hace que amplifiques el placer de comer, sino que también ayuda a que formes un círculo virtuoso de retroalimentación: mejor disfrute - mayor autoconciencia - mayor disfrute... Esto debido a que pasas a ser consciente de cómo el alimento afecta tus emociones y tu cuerpo.

El placer consciente no se limita al gusto o al tacto; puede ser escuchar música, ver una película, platicar con amigos, practicar un juego o deporte, ver una obra de arte. En pocas palabras, puede estar en todo aquello que nos emociona y causa bienestar.

***

Momentos de felicidad

El placer consciente puede llegar a permitirte vivir el presente con más intensidad y satisfacción, y al hacerlo, alimentará tu **felicidad duradera**. Al experimentar el placer de forma plena y consciente, puedes llegar a ser capaz de identificar qué te hace feliz y cómo puedes integrar más de esas experiencias en tu vida. En lugar de buscar gratificaciones rápidas o superficiales, el placer consciente te puede orientar hacia una felicidad que se construye desde lo que realmente te importa y te conecta con tu Yo interno.

Soy un convencido de que entender y adoptar las ideas epicúreas en tu vida y logrando experimentar el placer consciente obtendrás una conexión especial con los momentos y con las personas.

El tiempo será tu aliado

Espera y mañana tendrás claridad

Definitivamente el tiempo contestará todas tus preguntas o hará que ya no te importen las repuestas que te inquietaban.

"El tiempo no te cambia, te revela; con los años, aprendes a ser quien siempre debiste ser".

En el proceso del autoconocimiento, algo que debemos comprender es que el mecanismo de comprensión de nosotros mismos y de todas las cosas que nos rodean toma tiempo, está ligado al avance que tengamos en nuestra maduración y conocimiento. La madurez en estos puntos nos da acceso a dos herramientas: apertura y entendimiento.

El autoconocimiento requiere reflexión y paciencia, ya que comprender nuestras emociones, pensamientos y patrones no ocurre de manera instantánea. Con el paso del tiempo, podemos identificar tendencias, reconocer lo que nos motiva y detectar lo que nos detiene; todo esto forma parte de un proceso continuo que ayuda a vernos con más objetividad y nos da una alternativa al juicio apresurado. Conforme pasa el tiempo, aprendemos a aceptar aspectos de nosotros mismos que antes negábamos o rechazábamos, y durante este proceso de aceptación experimentamos, cometemos muchos errores y reflexionamos acerca de aquello que nos funciona o no. El tiempo nos enseña que la perfección es una utopía y que el crecimiento radica en aceptar nuestras imperfecciones y trabajar desde ellas.

Abrirnos a nosotros mismos y a los demás no es algo que ocurra de inmediato. El tiempo nos permite reconocer y soltar miedos para así construir la confianza necesaria para ser vulnerables. A medida que acumulamos experiencias y lecciones, nos volvemos más receptivos a explorar emociones profundas y a conectarnos genuinamente con quienes nos rodean. En mi caso, esa ha sido una tarea ardua; como una cebolla, he encontrado en mi proceso de autoconocimiento muchas capas de aparente fortaleza, resistencia, soberbia, apatía y todo aquello que el ego ha sembrado, regado y cuidado durante muchos años. Poco a poco, estoy identificando y tratando de remover esas capas para permitirme ser, en la experimentación de mi más honesta vulnerabilidad, y para aprovechar esas lecciones por medio de la confianza que me da el administrar mis miedos, cada vez un poquito mejor.

El tiempo nos ayuda a darle nuevo contexto a las experiencias. Lo que inicialmente nos parecía un fracaso rotundo o una dificultad insalvable puede, con el tiempo, revelarse ante nosotros como una oportunidad de aprendizaje. La perspectiva que aporta el tiempo nos enseña a ver nuestras vidas con más amplitud, a la vez que apreciamos los desafíos como partes necesarias del viaje.

El aprendizaje profundo no ocurre de forma instantánea. Comprender quiénes somos y hacia dónde queremos ir requiere dedicación y constancia. Con el tiempo, desarrollamos la resiliencia emocional necesaria para superar desafíos y asimilar las lecciones que cada etapa de la vida nos ofrece.

El tiempo es clave para crear y fortalecer hábitos que fomenten nuestro autoconocimiento, como la meditación, la escritura reflexiva, el ejercicio enfocado, la alimentación alineada a nuestro cuerpo y vida, o la introspección. Estos hábitos necesitan repetición y consistencia para convertirse en herramientas poderosas de transformación personal.

Si nos sintonizamos con el hecho de que el tiempo es un maestro silencioso que nos da el espacio necesario para entendernos, aceptarnos y evolucionar a medida que aprendemos a respetar el ritmo natural del autodescubrimiento, encontraremos en él un aliado que nos guiará hacia una vida más armoniosa, auténtica y plena.

"La paciencia y el tiempo son los dos mejores escultores del alma humana".

Friedrich Nietzsche

Trabaja en tu carisma

El carisma te abre puertas

El carisma es un resultado natural del Saber Ser

El carisma es una cualidad que permite a una persona influir, inspirar y atraer a los demás de forma natural y magnética. Es frecuente que el carisma se asocie con una presencia cautivadora, una comunicación efectiva y la habilidad para generar confianza y empatía en quienes rodean al individuo carismático. Estas personas suelen transmitir seguridad, entusiasmo y pasión, lo cual genera una respuesta positiva en los demás que los lleva a sentirse cómodos, interesados y motivados a seguirlas o escuchar lo que tienen que decir.

***

¿Qué es lo que hace a una persona carismática?

No podemos saber con total certeza qué factores exactos hacen a un individuo carismático; lo que sí sabemos es que hay una serie de factores comunes en las personas que son carismáticas y son aquellos en los que, si no lo eres, debes trabajar si lo quieres ser:

Autoconfianza

Muestra gran seguridad en ti mismo. Esta confianza no significa arrogancia, sino una convicción tranquila que invita a los demás a confiar en ti y a creer en tu capacidad.

Piensa bien lo que vas a decir.
Lo que digas dilo con convicción, sin dudas.
Lo que hagas hazlo con certeza y pasión.

Empatía y conexión

Conéctate emocionalmente con quien interactúes, entiende sus sentimientos y haz que se sientan escuchados y valorados. Busca ser buen oyente y mostrar interés genuino por los demás; también sé buen compañero de actividades.

Si hablas con alguien, dedícale toda tu atención; no estés pendiente del celular.
Cuando comas, come con placer consciente; no te disperses, no veas el celular.

Buena comunicación

Comunica tus ideas de manera clara y efectiva, manteniendo un equilibrio entre expresar tus pensamientos y escuchar activamente a los demás.

Escucha conscientemente.
Escucha más de lo que hablas.
Cuando hables, hazlo tranquilamente.
Da respuestas claras y directas manteniendo siempre el respeto y empatía.

Entusiasmo y pasión

Transmite entusiasmo y pasión; esto suele ser contagioso. Tu energía positiva puede inspirar y motivar a quienes te rodean, ya que reflejas una actitud optimista y comprometida.

Cuando hagas algo, haz solo eso; enfoca tu energía.
Descubre tus pasiones y ejecútalas.
Todo lo que hagas, oriéntalo a cumplir tus pasiones.
Por retadora que sea la situación, irradia entusiasmo.

Firmeza

Analiza detenidamente tus decisiones, sin procrastinar. Una vez que hayas tomado una decisión, sigue ese camino sin importar qué tan difícil o retador sea. No caigas en la soberbia o la terquedad; siempre escucha la retroalimentación de personas que aportan valor a ese camino, y cuando alguien te demuestre que vas por una ruta equivocada, reevalúa.

Toma decisiones y comprométete con ellas.
Pase lo que pase, si estas cambiando constantemente de dirección, te dispersas.
Las personas dispersas no son carismáticas porque transmiten caos.
Si vas a cambiar de decisión, ten muy claras las razones y comunícalas abiertamente.

Autenticidad

Sé en todo momento genuino y auténtico. No finjas o actúes de manera artificial; enfócate en mostrar tu verdadero yo, e inmediatamente generarás una conexión de confianza y respeto.

Soy auténtico porque me acepto como soy.
Muestra al mundo lo que piensas y en lo que crees.
Quítate las máscaras y sé tú mismo.

Presencia

El carisma también se manifiesta a través del lenguaje corporal. Tu postura, la manera en cómo haces contacto visual y tus expresiones faciales transmiten tus niveles de apertura, seguridad y conexión.

Atención en tu energía, postura y cuidado personal.
Viste de acuerdo a la situación y tus creencias.
Sé consistente entre vestir, actuar, hablar.
Sonríe.

El carisma es una cualidad valiosa en la vida familiar, social y en la profesional; facilita las relaciones interpersonales y permite que las personas se sientan atraídas y respetadas, con lo cual se genera un ambiente de colaboración y confianza.

Sé excepcional

Alístate para ser excepcional

Pocas personas nacen con la habilidad nata de ser excepcionales. Para muchos de nosotros implica un proceso de aprendizaje y madurez, puesto que debemos entender lo siguiente:

Las personas excepcionales son la excepción.
Las excepciones no le gustan a la gente.
Lo que no le gusta a la gente lo rechaza.
Lo que la gente rechaza en ocasiones lo aísla.

¿Estas listo para ser excepcional y probablemente ser aislado o rechazado?

No puedes hacer lo mismo que todo el mundo y pretender ser excepcional. Si haces lo mismo que todos los demás, tendrás los mismos resultados; serás parte del promedio, serás mediocre.

Si haces lo que nadie más hace, podrás detectar variables que nadie más ha visto, y es ahí donde surgen las oportunidades y las posibilidades de ser excepcional.

***

Generosidad

Sé generoso con tu energía. Dale a los demás energía amable y positiva, y recibirás fantásticas cosas en retorno. Es evidente que notamos cuando una persona es una fuente de energía positiva: ante su presencia, la dinámica de un lugar cambia; nuestra propia energía y estado de ánimo también reaccionan y se ajustan. En la interacción con estas personas es frecuente que estemos dispuestos a colaborar, a aportar nuestro tiempo, nuestro trabajo e ideas abierta y positivamente. No debemos confundir con proyectar algo que no somos o el manejar nuestra energía como parte de una transacción interesada; eso sería caer en la hipocresía o en la manipulación; se trata de estar convencidos de que ser generosos con nuestra energía nos acerca a los demás y nos convierte en individuos agradables.

Claro que tiene sus beneficios. Haz la prueba y verás cómo te darán los *upgrades* que quieres, entrarás sin reservación a restaurantes, la gente te tratará muy bien, así como tú los tratas; generalmente derramarán en ti esa misma energía generosa que tú derramas en ellos.

Para ser agradable y que la gente se interese en ti, ten interés en los demás. Pregunta cosas acerca de ellos y no trates tú de ser interesante; eso será una consecuencia, no un fin.

La generosidad viene también con la empatía y con el entender de que ser generoso con los pequeños detalles que a veces nos molestan mejora mucho la calidad de vida de las personas que están cerca de nosotros y, en consecuencia, nuestra propia calidad de vida. Esto se explica con el siguiente ejemplo:

Este ejemplo que te voy a dar me encanta porque creo que a todos nos pasa. Lo titulé *El precio del salero vacío*. Esto se refiere al precio que pagamos y hacemos pagar cuando en casa necesitamos ponerle sal a un platillo y nos damos cuenta de que nos dejaron el salero vacío. Me imagino que esta situación resulta molesta para ti: odias tomar el salero y darte cuenta de que la persona que vive contigo nuevamente lo dejó vacío. A partir de este instante tienes dos opciones:

a. Tomarte dos minutos, sonreír y rellenarlo, estando convencido que ayudas a todos en tu casa a tener sal en el salero para cuando lo requieran. Evitas así cualquier situación incómoda, como pelear por esto con tu pareja.

b. En lugar de tomarte esos dos minutos, volver a discutir con tu pareja/compañero ese día, muchos días y probablemente toda la vida, con la vana esperanza de que cambie ese detalle; porque, recuerda, el que no rellene el salero te molesta a ti, no a la otra persona.

Ser excepcional es dar ese paso extra que implica muchas cosas; en algunos casos puede ser un pequeño esfuerzo, en otros empatía o amabilidad, sacrificio o entrega apasionada. Cada situación reclamará de ti ese *Ser excepcional* y el *Saber*

Ser requiere que te mantengas siempre con el objetivo de la *excepcionalidad.*

"No intentes ser el mejor de todos. Intenta ser mejor que tu versión de ayer, y el éxito llegará. La excepcionalidad es un viaje, no un destino".

LeBron James

Cerrando el círculo

Mejora tu ser interior

*"Lo que la oruga llama el fin del mundo,
el maestro lo llama mariposa".*

Este libro lo inicié con la siguiente pregunta:

***

¿Existe algo más difícil, retador, duro y cruel que no autoconocerse?

La respuesta es sí. Es difícil buscar la superación holística de nuestro ser y hacer esa búsqueda con los ojos cerrados lo es aún más; querer recorrer ese camino implica deshacernos de todos los velos que nublan nuestra mente, nuestro ser interno.

El autoconocimiento es retador porque tenemos que abandonar las prácticas que el ego nos ha llevado a vivir y que nos mantienen en el estado de estancamiento que hemos descrito anteriormente.

Alguna vez me encontré esta cita y me encantó:

"La vida no es corta, simplemente comenzamos a vivirla demasiado tarde. Para cuando realmente empezamos a entenderla, a conocer sus caminos, tenemos que emprender el regreso".

La interpreto como "Inicia tu evolución ahora para que empieces tu vida lo antes posible":

Abandona vivir en modo víctima

Ten claro que tú eres el único responsable de las cosas que te pasan. Empieza a hacerte responsable de TODO aquello que pasa en tu vida. Si tomas la plena conciencia de esto, se abrirá ante ti un mundo de claridad, te darás cuenta de que, de una manera u otra, todo aquello que sientes y experimentas es el resultado que tendrás. No sigas echándole la culpa a otros o a cosas:

Nadie va a venir corriendo a salvarte; sálvate a ti mismo.

Conócete y ten conciencia de ti mismo. Empieza a realmente vivir tu vida: toma el camino hacia el *Saber Ser*.

El **"Saber Ser"** es un camino hacia la autenticidad, el equilibrio y el bienestar integral. A través del autoconocimiento, podemos lograr una conexión más profunda con cada aspecto de nuestra vida, de modo que permitimos que nuestras pasiones se conviertan en una fuente constante de crecimiento y satisfacción, mientras mantenemos un enfoque claro en el presente. La clave está en vivir conscientemente, disfrutar de cada momento y encontrar la armonía entre el trabajo, el placer y la práctica de nuestras pasiones.

¡¡Disfruta del Saber Ser!!

Nacido en Puebla, Puebla, México, en 1970, Paco Yarce viene del seno de una familia cuyos padres estaban siempre preocupados por darles a sus hijos las herramientas y habilidades para lograr que fueran altamente independientes y decididos.

Estudió ingeniería en la Universidad de las Américas en Puebla y tuvo la oportunidad de generar experiencia en el mundo tecnológico y de la consultoría, principalmente en empresas y despachos internacionales; esto le despertó el espíritu emprendedor y ha iniciado y desarrollado diversos y muy distintos negocios.

Encontró su vocación como deportista de alto rendimiento al conocer la disciplina de tiro olímpico llamada Fosa Olímpica y ha tenido la oportunidad de representar a México en un par de competencias internacionales. Siempre interesado en el epicureísmo y apasionado del placer consciente.

Made in the USA
Coppell, TX
20 April 2025